GEBLITZDINGST

Slam Poetry über Demenz

Lars Ruppel (Hrsg.)

SATYR VERLAG

INHALT

VORWORT

Lars Ruppel

Hinter den Kulissen der Trendmarke »50+«, des langen, glücklichen Lebens, der zweiten Jugend, der *Apotheken Umschau* mit den Bildern von Doppelherz-betriebenen Modelopas, die auf Treppenliften in den Sonnenuntergang cruisen, verbirgt sich eine andere Kulisse aus demografischen Wandelalbträumen, kippenden Rentenbeitragszahlergrafiken, Wallraffreißerischen Skandalreportagen und Til Schweiger mit Honig im Kopf und Geld in den Taschen auf großer Gefühlstrittbrettfahrt. Irgendwo dazwischen liegt die Realität, in der Pflegekräfte und Angehörige täglich Unvorstellbares leisten.

Wer denkt, dass die Kumpel in den Kohlestollen des Ruhrgebiets einen harten Job verrichten, der hat den Alltag mit einem Menschen, der unter demenziellen Veränderungen leidet, noch nicht erlebt. Man sieht den Menschen, den man jahrelang geliebt hat, und findet einen Menschen, der etwas sucht: seine Brille, die Toilette, ein bekanntes Gesicht oder eine Antwort auf die Frage, was eigentlich passiert ist und wie lange dieser Zustand noch anhält. Diesem Menschen ein Gefühl der Sicherheit zu vermitteln, das ist Pflege.

Sich selbst vor den körperlichen und psychischen Nebenwirkungen der Pflege zu schützen, ist dabei genauso wichtig wie das Wohlergehen des Menschen, den man pflegt, ob beruflich oder als Angehöriger.

Es geht für die Menschen im Bett und davor nicht nur um

einen gesunden Körper, sondern auch um einen lebendigen Geist. Das ganze Leben lang schreibt der Mensch durch gelesene Bücher, gesehene Filme oder besuchte Poetry Slams an seiner eigenen kulturellen Biografie. Diese Biografie darf nicht, wie so oft, mit Eintritt in die Pflegeeinrichtung oder Beginn der Frühschicht enden.

Mit dem Projekt »Weckworte« schule ich seit 2009 pflegende Menschen im Vortrag von Gedichten für Menschen mit Demenz. Mein Ziel ist es, dass Pflegeeinrichtungen Orte lebendiger Kultur werden, in denen Menschen ihre kulturelle Biografie weiterleben können: Orte, wo wirklich was los ist, wo sich alle wohlfühlen und emotional verwirklichen können. Dann kann der Beruf der Pflege seine ganze Schönheit entfalten, und das Alter verliert seinen Schrecken. Denn dort, wo Generationen aufeinandertreffen, lassen die riesigen Unterschiede zwischen den Menschen ein begeisterndes Vakuum entstehen. Wissen fließt von einem Menschen zum andern, mal als Kochrezept oder Kriegsgeschichte, mal als Liebestragödie oder Einführung in die Bedienung eines Tablets. Sprache spielt für diesen Austausch eine besondere Rolle, da Generationen mit verschiedenen Sprachkulturen aufeinandertreffen.

Die Lust der Älteren auf Sprache in Gedichten und Liedern ist auch bei fortgeschrittener Demenz sehr groß, die Lust der jungen Pflegenden auf »Die Glocke« und »Kein schöner Land« hingegen ist gering. Auch der drohende Verlust der Sprache als Symptom der Demenz oder der Überlastung der Pflegenden ist allgegenwärtig.

Dieses Buch soll ein Fest für die Sprache in der Pflege sein, soll sagen, was viele Betroffene nicht mehr sagen können, und aufmerksam machen auf die millionenfach erbrachte Meisterleistung, mit Demenz zu leben.

Berlin, Juli 2016

VERGESSEN VERDIENEN

David Friedrich

Und nun sitzt sie da, auf der Veranda aus Eichenholz
Schaukelt in ihrem Stuhl und spannt Garn aus reinem Gold
Sie sieht der Sonne entgegen, als wäre sie ihr Lippenleser
Und Sonnenstrahlen spiegeln sich in ihren dicken Gläsern
Sie klopft auch mal eben
Viermal auf das Holz
Von ihrem Brockhaus von Leben

Jede ihrer Falten erzählt 'ne eigene Geschichte
Sterbenslangweilig, aber feierlich berichtet
Mit Pointen, die nur ein sehr altes Leben zeigt
Doch sie selbst ist mittlerweile mehr das Gegenteil
Einer Pointe

Diese Blume ist verwelkt, wird aber schöner von Tag zu Tag
Singen kann sie nicht mehr, aber wenn man ihren Namen sagt
Klingen Melodien wie Schwertspitzen für schlechten Geschmack
Nichtsdestotrotz habe ich einen gefährlichen letzten Verdacht

»Hallo, ich bin's
Ich, David, einer von Joachims Söhnen, weißt du?«

Ein rasches Funkeln im Auge, sie steht nicht sicher
Pendelt her und pendelt hin

Und für einen kurzen Moment
Meine ich, sie erkennt
Ihr Enkelkind

Du schaust mich an, doch siehst mich nicht
Und diese Blicke treffen mich tief
Aber *du* hast genug gesehen
Ich denke, *du* hast dir das Vergessen verdient

Die Wohnung hat sich nicht verändert, während ich weg war
Die Wanduhr tickt im selben Takt, wie das Parkett knarzt
Du schläfst immer noch in den alten Decken mit dem einge-
                                        nähten Notfutter
Und Opa sucht immer noch nach ordentlichen Reimen auf
                                        »Großmutter«

Genauso schön wie traurig, wie er da so zitternd sitzt
Er erinnert sich zwar nicht an mich
Aber hält meine Hand, so fest er sie nur halten kann
Und nimmt mir somit all die Angst
Er könnte uns vergessen haben
Nein, man bleibt bei euch in den besten Händen
Bis zu eurem letzten Atem

Du warst immer bequem, doch fast nie bescheiden
Also komme ich mit ein paar Lastern beizeiten
Und baue dir einen Palast da, aus Leinen
Wo *du* dann thronst mit Ruhe im Herzen und Wasser in den
                                        Beinen
Und klar kommen da Tränen
Nur je früher die da stehen
Umso früher rieche ich dein Kölnisch Wasser und dein Hühner-
                                        frikassee

Erinnerst *du* noch Weihnachtskerzen
Die die Garnitur vom Sofa vernichten?
Oder die schrägen Töne von Papas Partitur zu Opas Gedichten?
Erinnerst *du* noch, dass er Frauenheld war
Und warum er sich für dich entschied?
Nicht weil *du* die Schönste warst
Sondern weil *du* am besten rochst
Und sein Glück steht ihm bis heute ins Gesicht geschrieben
Deine Kartoffeln sind Erinnerungen
Salz, Butter und festgekocht

Wer pfeift hier auf dem letzten Loch?
Oma lacht, sie steht auf die Sprüche
Ich stehe auf und hole die Kanne Tee aus der Küche
Auf eurem kleinen Servierwagen
Ich weiß noch, als wir drei oder vier waren
Da haben wir den als Doppeldecker benutzt
Doch du schaust mich etwas verwirrt an
Unschlüssiger Blick und etwas verdutzt

Weil du keine Ahnung hast, wovon ich da spreche
Weil du einfach nicht mehr weißt, wer ich bin
Sagst du: »Tut mir leid, wenn ich Sie unterbreche
Es ist nur so, wenn ich ehrlich bin
Wäre es mir dringlich lieber
Sie gingen wieder«

Und da steh ich nun vor dir
Als wäre unsere Bekanntschaft ein Unfall gewesen
Du siezt mich!
Du siezt mich, und meine Anwesenheit ist dir unangenehm
Du guckst mich an, doch siehst mich nicht
Hier irgendwo im Westen Berlins
Du schämst dich dafür, mich nicht zu erkennen
Aber *du* hast dir das Vergessen verdient

Und so geht das jedes Mal, wenn ich mich zu dir schwinge
Wenn ich euch besuche und euch frische Blumen bringe
Jedes Mal wiederholen wir eine Unterhaltung in einem Redetakt
Der so monoton ist, dass es die Unterhaltung nie gegeben hat

Manchmal sagt dir das Gesicht was, nur was, fällt dir nicht ein
Manchmal grinst *du*, wenn ich reinkomme, eine Seltenheit
Meistens schüttelst *du* den Kopf, und deine Augen sind leer
Meistens bist *du* überfordert und verwirrt und ziehst dich aus
                                                    dem Verkehr

Und das zerfrisst mich wie Säure in meiner Speiseröhre
Und meistens gehe ich, bevor ich dich in deinem Zimmer
                                                    weinen höre

Und während ich zum Bus schlendere
Lehnt sie am Geländer und ruft
»Jochen, wer war denn das?«
»Ich weiß es nicht, aber ich schätze, wir kennen ihn ganz gut«
Und ich ertappe mich plötzlich nicht mehr beim Schwelgen in
                                                    Erinnerungen
Sondern beim Träumen von einer Zukunft mit schmerz-
                                            befreitem Hintergrund
Da setzt sie sich wieder in den Schaukelstuhl
Die Verwirrung verschwindet, sie wirkt ausgeruht
Und wenn dann ihr betagtes Gesicht in die warmen Sonnen-
                                                    strahlen taucht
Erinnert sie sich, hoffentlich
Erinnert sie sich und hört dann zu atmen auf

Doch das Schlimmste ist
Wenn das Ganze dann schon so lange her sein wird
So lange her
Dass die Jahre im Wetterwahn wie Wespen verfliegen

Und ich mich dann so gern besser an sie
Erinnern würde
Und immer fürchte
Ich habe nicht genug getan
Sondern ich habe das Vergessen verdient

 *Diesen Text anhören:*
http://satyr-verlag.de/audio/geblitzdingst1.mp3

NACH HAUSE

André Herrmann

Es war Sonntag.

Als wir das Heim betraten, herrschte im Erdgeschoss ein heilloses Durcheinander.

In jedem Gang stand eine lange, festlich geschmückte Tischreihe. Überall gab es kleine Platzkärtchen, und die Pflegerinnen und Pfleger rannten emsig umher, um noch die letzten Servietten und Bestecke zu verteilen. Meine Mutter und ich quetschten uns hinter den Stühlen entlang zum Fahrstuhl. Davor standen haufenweise Mittfünfziger und warteten darauf, in eines der drei Stockwerke transportiert zu werden.

An der Tür von Zimmer 15 im dritten Stockwerk hielten wir kurz inne. Man wusste nie, was für einen Tag mein Opa gerade erwischt hatte. War es ein schlechter, dann verrückte er wütend all seine Möbel, weil er fest davon überzeugt war, dass sein imaginärer Mitbewohner ständig alles umstellte. War es ein okayer Tag, dann war der Mitbewohner urplötzlich verreist, und die lichten und dunklen Momente wechselten im Zwei-Minuten-Takt. Nur an den richtig guten Tagen war mein Opa so herrlich biestig, aber unglaublich charmant, wie ihn alle von früher kannten. Dann und wann kehrten sogar ein paar seiner Erinnerungen zurück. Okay, er vergaß noch immer andauernd, wo er war und was das alles sollte, aber immerhin bedrückte es ihn einmal nicht so sehr.

Ich klopfte.

»Gut, dass Sie kommen«, rief mein Opa. »Stellen Sie's einfach da drüben hin.«

»Erwartest du Post?«, fragte ich, als ich ins Zimmer trat. Mein Opa saß im Anzug auf seinem Bett und starrte auf den ausgeschalteten Fernseher. Die Schwestern hatten gesagt, dass sein letzter Schub dafür gesorgt hatte, dass er nicht länger nachts all seine Habseligkeiten zusammenpackte, weil die Krankheit einfach alle Erinnerungen an den genauen Ort seines Zuhauses verschluckt hatte. Sogar einen Strauß Blumen und ein paar Bilder an der Wand ließ er sich neuerdings gefallen. Nur der Fernseher blieb immer ausgeschaltet, weil er es einfach nicht ertrug, wenn für ihn alle zwei Minuten ein völlig neues Programm begann.

»Na, alles klar?«, rief ich.

»Da habt ihr aber Glück, dass ihr mich noch erwischt«, rief er. »Ich wollt' gerade los!«

»Wo musst du denn schon wieder hin?«, fragte ich.

»Na, nach Hause!«

»Wie, nach Hause?«

»Na, wo ich wohne!«

»Wo wohnst du denn?«

»Hm«, sagte er, ging ans Fenster und sah nachdenklich nach draußen. »Das ist 'ne gute Frage! Vielleicht hab ich ja deshalb auch noch nicht gepackt?!«

»Möglich«, grinste ich.

»Wir gehen jetzt erst mal essen«, sagte meine Mutter. »Unten ist schon alles aufgebaut.«

»Puuuh«, sagte mein Opa und sah auf seine Armbanduhr, »Ich müsste ja eigentlich los.«

»Nix«, sagte ich. »Wir haben extra einen Termin mit dir ausgemacht!«

»Nee, nee, da müsst ihr leider alleine gehen. Ich habe überhaupt kein Portmonee!«

»Klar, du hattest doch immer eins.«

Demonstrativ breitete er die Arme aus und strich sich dann über die völlig glatten Taschen seiner Hose.

»Ich weiß nicht, wie ich's mache, aber ich lebe hier ohne Geld«, rief er.

Ich musste lachen.

Er hatte recht. Keine Ahnung, wie er es machte, aber wenn er nicht gerade eine Schere in die Hand bekam und anfing, das Armband seiner Uhr oder sein Portmonee in kleine Stücke zu schneiden, dann verlor er binnen kürzester Zeit einfach alles.

Ich griff in meine Manteltasche und zog das neue Portmonee heraus, das ich gemeinsam mit meinem Vater vorbereitet hatte. Damit es sich möglichst echt anfühlte, hatten wir extra irgendwelche alten Mitgliedskarten, ein bisschen Kleingeld und dazu ein paar 10.000-Euro-Scheine aus dem Monopoly-Spiel meiner Eltern hineingesteckt. Was genau auf den Scheinen und Karten stand, interessierte meinen Opa sowieso nicht.

»Dann nimmste das hier«, sagte ich.

Misstrauisch griff er das Portmonee und betrachtete die Geldscheine: »Ist das meins?«

»Ich glaub schon«, sagte ich.

»Ja«, nickte er, »ich hatte schon immer das Gefühl, dass ich ziemlich reich bin.«

Dann ging er zum Schrank, zog eine Schublade auf und legte das Portmonee hinein.

»Können wir los?«, fragte meine Mutter.

Ein paar Sekunden blieb mein Opa regungslos stehen, und man konnte sehen, wie in seinem Gedächtnis gerade wieder der Reset-Knopf gedrückt wurde. Dann begann er, mit den Händen seine Hosentaschen abzutasten.

»Nee«, sagte er. »Da müsst ihr leider alleine gehen, ich hab überhaupt kein Portmonee!«

»Bist eingeladen«, sagte ich und schob ihn zur Tür.

Als meine Mutter und er schon auf dem Gang waren, öffnete ich die Schublade. Darin lagen drei ganze und ein zerschnittenes Portmonee. Im Fahrstuhl steckte ich ihm heimlich das neue zu.

Das Angehörigenessen war genauso schrecklich, wie es klang.

Die meisten Angehörigen heulten die ganze Zeit und verbrauchten ein Taschentuch nach dem anderen. Ich hasste es, wenn die Leute nichts Besseres zu tun hatten, als zu heulen. Als ob das etwas bessern würde. Neben ihnen saß meist eine alte Frau oder ein alter Mann mit krummem Rücken, grau verschleierten Augen und abwesendem Blick. Einige hatten Beatmungsschläuche oder einen Tropf dabei. Und mittendrin saß völlig deplatziert mein Opa, dem überhaupt nichts fehlte. Nur eben sein Gedächtnis.

Als das Essen serviert wurde, bekam ich keinen Bissen herunter. Nicht nur, weil ich es nicht ertrug, an einem Tisch zu sitzen, dessen Gäste wirklich nur noch darauf zu warten schienen, dass es endlich vorbei war, das Essen schmeckte auch einfach grässlich.

Mein Opa nahm einen Bissen vom labberigen Hirschbraten, kaute angewidert darauf herum und schob dann seinen Teller beiseite.

»Keinen Hunger, Familie Herrmann?«, fragte eine Schwester, die sofort herbeigeeilt kam.

»War nur sehr reichlich«, sagte ich.

»Nee, scheußlich war's!«, rief mein Opa und grinste mich an. »Je mehr Leute da sind, desto schlechter kochen die hier!«

»Also, ich muss doch bitten!«, rief die Schwester.

Mein Opa legte den Kopf schief: »Worum bitten?«

»Na, das kann man doch auch netter sagen!«

»Was sagen?«

Das finstere Gesicht der Schwester klarte auf, und sie

winkte ab: »Ach, Sie Armer, ich weiß ja, Sie meinen das nicht so, Sie wissen ja einfach gar nicht, was Sie reden.«

»Jaja«, nickte mein Opa. Die Schwester nahm unsere kaum angerührten Teller und ging davon. Mein Opa zwinkerte mir zu.

Wir waren schon fast an seinem Zimmer, als uns eine Schwester zu sich winkte.

»Frau Herrmann, wir müssen mal mit Ihnen reden«, sagte sie. »Ich weiß, so was hört man nicht gerne, aber wir müssen's Ihnen ja sagen.«

Kacke, dachte ich. Hatten sie es wohl doch mitbekommen, dass mein Opa beim Mittagessen mit einem seiner 10.000-Euro-Scheine bezahlt hatte.

Die Schwester atmete tief ein.

»Ihr Opa ist in den letzten vier Tagen wieder zweimal ausgebüxt. Einmal haben wir ihn an der Bushaltestelle eingeholt, das andere Mal hat ihn die Polizei vorbeigebracht. Nur mit Hausschuhen und ohne Jacke.«

»Die Polizei?«, fragte meine Mutter. »Ich denke, er packt keine Sachen mehr?«

»Na ja«, sagte die Schwester, »er packt zwar nicht mehr, aber versucht trotzdem noch, nach Hause zu fahren, auch wenn er nicht weiß, wo das ist. Und der Koffer ist dann halt leer.«

Ich musste lachen.

»So witzig find ich das gar nicht«, sagte die Schwester. »Dem kann da sonst was passieren!«

»Stimmt!«, rief meine Mutter. »Und es ist ja auch nicht so, dass wir Ihnen Geld dafür bezahlen, damit Sie aufpassen, dass er hier nicht abrückt, na?«

»Hier«, sagte die Schwester und öffnete eine Schublade. Darin lagen vier durchgeschnittene Armbänder, an denen jeweils ein kleines Plastekästchen befestigt war. »Das sind seine GPS-Sender, Sie können sich ja denken, was er damit macht.«

»'tschuldigung«, sagte meine Mutter, die Schwester nickte. »Vielleicht könnten Sie ja doch noch mal mit ihm reden. Immerhin erkennt er Sie noch.«

Als wir in sein Zimmer kamen, verstaute mein Opa gerade das Portmonee unter der Tischdecke. Ich zog es wieder hervor und steckte es ihm in die Tasche.

»Opa«, sagte ich.

»Kenn ich«, rief er.

»Du darfst nicht immer abhauen.«

»Ich hau nie ab!«

»Doch, machst du!«

»Das wüsst' ich aber!«

Er grinste.

»Opa, du kannst nicht immer alles mit Alzheimer erklären!«, sagte meine Mutter.

Mein Opa legte den Kopf schief, und ich wusste, dass er völlig klar war.

»Was erklären?«, fragte er.

»Mann!«, rief meine Mutter und begann, seine frische Wäsche in den Schrank zu pfeffern.

»Ehrlich mal«, sagte ich. »Wir machen uns doch Sorgen um dich! Du wohnst doch hier.«

»Ja«, sagte er und begann, seine Hände zu kneten. »Wenn ich wenigstens ein Portmonee hätte!«

Wir blieben noch über eine Stunde. Zweimal versteckte er sein Portmonee unter der Matratze. Dreimal gab er mir die Hand, weil er dachte, wir wären gerade erst angekommen. Dazwischen erzählte er, wie er früher als Traktorist den ganzen Sommer über Straßenteile hin und her transportiert hatte. Nur wo genau das gewesen war, das wusste er nicht.

»Na ja«, sagte ich, als wir im Auto saßen, »immerhin hatte er einen halbwegs guten Tag.«

»Ja«, sagte meine Mutter und schnallte sich an.

In diesem Moment öffnete jemand die hintere Autotür, und ich drehte mich um.

Umständlich schob sich ein Koffer ins Auto, ihm folgte ein nur mit einem Hausschuh bekleideter Fuß.

»Hier«, flüsterte mein Opa und reichte mir einen 10.000-Euro-Schein. »Fahren Sie los! Ich muss nach Hause.«

Ich seufzte, grinste und schnallte mich ab.

BEI HEMPELS UNTERM SOFA

Lars Ruppel

Eine Straße, Bürgersteige;
acht Laternen reichen schon,
Reiche haben Wintergärten,
alle andern Nordbalkon.

Straßenmalereien aus Kreide
vor dem Haus verraten dir:
Hier drin wohn' noch echte Kinder!
Die andern sind schon weg von hier.

Kleines Haus und kleiner Garten,
Eigenimmobilientraum,
drumherum ein Heckenrahmen,
hinterm Haus ein Birnenbaum.

All das war mal ein Ein und Alles,
tadelloser Rosenschnitt.
Jetzt mäht eins der Nachbarskinder
samstags hier den Rasen mit.

Wo die Hecke Einlass bietet,
dort beginnt ein Weg aus Stein,
teilt die kleine Rasenfläche
in zwei gleiche Hälften ein,

endet vor zwei Treppenstufen;
windgemachter Windspielklang,
Strohfußmatte heißt willkommen –
ein Gott, ein Staat, ein Hauseingang.

Trotz der »Keine Werbung«-Warnung
quillt der Müll zum Briefschlitz raus.
Weil nicht mehr viele Briefe kommen,
macht das auch nicht so viel aus.

Klarsichtfolie schützt ein Schildchen,
auf dem »Fam. Hempel« steht.
Altes Plastikklingelknöpfchen,
das beim zweiten Drücken geht.

Asthmakrankes Hundebellen,
grau meliertes Dackelhaar.
Straßenschuh' im Hausflur ausziehen,
gestern war die Putzfrau da.

Dann der Duft der alten Menschen:
von Textil aus beigem Stoff,
spuckefeuchten Taschentüchern,
Kaffee, Ja!-Wurst, Gorbatschow.

Eine Treppe führt nach oben.
Dort war er schon lang nicht mehr.
Seit die Kinder nicht mehr da sind,
steh'n die Kinderzimmer leer.

Dann im Flur: vier Zimmertüren,
Milchglas, das den Blick verschlingt,
links die Küche, nicht so wichtig,
seit ihm jemand Essen bringt.

Schlafzimmer gleich gegenüber,
wo man durch den Türspalt sieht,
dass er weiter aus Gewohnheit
auch das zweite Bett bezieht.

»Wohnzimmer« heißt hier noch »Stube«,
wo alles Richtung Fernseh'n steht:
Dritte-Sender-Dokudröhnen!
Opa braucht kein Hörgerät.

Kostenlose Fernsehzeitung,
Kreuzworträtsel, halb gelöst:
»Gegenteil von antiquarisch« –
mitten im Wort eingedöst.

Raufasertapetenwände
überzieht 'ne Patina
von jahrealten Atemdämpfen,
Wundsalbe und Arnika.

Alles das und das dazwischen
tanzt ums Zentrum dieser Welt:
um Herrn Hempels Ledersofa,
das sie damals mit dem Geld

von der Hochzeit sich bestellten
aus dem Quelle-Katalog.
Damals hatt' man keine Handys,
das war alles analog.

Ja, ich weiß, die alten Zeiten,
als alles noch so einfach war.
So verständlich, so gut lesbar.
»Wie kommst denn du rein?« Und so klar.

Wenn man sich dann kurz entschuldigt
und heimlich durch das Milchglas späht,
sieht man, wie er wartet, dann
den Kopf zu allen Seiten dreht;

Er greift dann heimlich unters Sofa,
zieht nach und nach all das ans Licht,
was er hortet, was er hütet;
all die Dinge, die er nicht

verlieren will: Autoschlüssel,
der Renault 4 in Dunkelblau,
eine Postkarte aus Rügen,
hintendrauf schrieb seine Frau.

»Nein, schreib du, du kannst das besser«,
Karten für das Lichtspielhaus,
King Kong, deutsche Erstaufführung,
Vorhang auf, das Licht geht aus ...

Heut im Vorfilm läuft: ein Leben,
zunächst ohne, dann mit Ton:
erste Schritte, erste Stürze,
letzter Schultag, erster Lohn,

Schlosserlehrling, Wirtschaftswunder,
Film zu Ende, jetzt schon aus?
»Nein, schreib du, du kannst das besser.«
Vorhang auf, ein Lichtspielhaus?

Erste Schritte, erste Stürze,
»Ich glaub, den Film, den kenn ich schon.«
Wirtschaftswunder, Schlosserlehrling,
»Doch nicht, komm, wir geh'n, mein Sohn.«

Autoscooterchips und Nippon,
Sony Walkman, geht noch, »Play«:
mit Elvis Presley Rock'n'Roll-Versuche,
Mister Tambourine Man – heeeeyyy!

Jude, Stopp. Aus Blech ein kleines Kästchen,
Oberretro, original.
»Opa, dafür kriegste aufm Flohmarkt
in Berlin, ich schätze mal ...«

Zeitgefärbte Dokumente,
Urkunden verschiedener Art:
für Geburt, Reichsjugendwettkampf,
dreißig Jahre baugespart,

fünfzig Jahre Mitgliedschaft im
Männerchor »Harmonia«.
Dann im gold'nen Rahmen: Heirat
und eine für ihr Ende, tja ...

Eine Uhr, ein Taschenmesser,
eine Bibel, Poesie,
Grundsteinlegung, Jubiläen.
Alles klebt vor Nostalgie.

Eine knöcheltiefe Pfütze
aus Erinnerung und Zeit,
durch die Opa rückenschwimmend,
schwelgend mit der Strömung treibt,

durch den Fortlauf der Geschichte,
die er selber einmal schrieb,
von der nichts als ein Museum
unter einem Sofa blieb.

Ein alter Gips, zwei Fußballschuhe,
die Kölner-Dom-Miniatur,
eine alte Speisekarte,
eine Cowboyspielfigur.

Vierundfünfzig, vierundsiebzig, neunzig,
erster Astronaut im All,
Landesligameisterschaftssieg,
Armstrong, Mond, der Mauerfall.

Blaues Babyplastikbändchen
und ein ausgefallener Zahn,
eine Handvoll Sand vom Strand,
als alle in Italien war'n.

»Weißt du noch?« – Aber natürlich.
Nur dass das nicht Italien war.
Und das hier ist nicht die Stube,
und auch das Sofa ist nicht da.

Das ist nur ein Bild von all dem,
von dem er nicht den Rahmen sieht.
Er sieht nur noch das, was geschah,
doch er sieht nicht mehr, was geschieht.

Hier gibt's keine Rasenfläche
und keine Straßenmalerei;
nur Pflegekräfte, Notfallknöpfe
und Bingo jeden Tag um drei.

Kein Rauhaardackelbellen mehr,
kein windgemachter Windspielklang,
kein beiger Stoff, kein Birnenbaum.
Ein Gott, ein Arzt, kein Hauseingang.

Bis hin, dass auf dem Klingelschildchen
nicht mehr »Fam. Hempel« steht.
Das haben die neuen Hausbesitzer
mit Klarsichtfolie überklebt.

Und sogar ich bin gar nicht wirklich.
So sieht er mich zumindest an:
»Wer sind Sie, und was woll'n Sie hier?«
Dann gehe ich den Flur entlang

durch die neue Nachbarschaft im
zweiten Stock: Demenzstation.
Die meisten haben Doppelzimmer,
Reiche haben Südbalkon.

Beinahe wie in seiner Straße,
deren Namen er vergaß,
wo hinterm Haus ein Birnbaum stand
und er auf seinem Sofa saß.

 *Diesen Text anhören:*
http://satyr-verlag.de/audio/geblitzdingst2.mp3

DU MUSST WAS ESSEN

Nicolas Schmidt (Bybercap)

Ich sperre die Tür auf und rufe: **Hallo hallo hallo hallo hallo!** – Meine Mutter kommt aus dem Wohnzimmer und nimmt mich in den Arm. – **Ach, mein Junge, schön, dass du wieder da bist. Und? Wie war's im Training?** – Schön, aber voll anstrengend. **Und ich hab zwei Tore geschossen!** – Meine Mutter streichelt mir über den Kopf. – **Du bist der Beste, mein Junge! Und jetzt komm: Es gibt was Leckeres zu essen.** – Was denn? – Kartoffeln mit Quark. – Ich hab keinen Hunger, Mama. – **Na, komm, du musst was essen, damit du groß und stark wirst.** – Ich bin schon groß und stark. Außerdem mag ich keine Kartoffeln. Ich krieg hier nie was Gescheites zu essen. – Meine Mutter schaut mich ungeduldig und liebevoll an. – **Mensch, du bist doch jetzt alt genug, um nicht dauernd über das Essen zu meckern.**

Mama, weißt du, wie alt ich bin? Genau 79.840 Stunden! – Meine Mutter lacht und zwinkert mit den Augen. – **Du bist ja ein Mathegenie!** – Ich blase die Backen auf und zeige ihr stolz meinen schmalen Bizeps.

Mama, kann ich nach dem Essen noch 'n bisschen raus? – Sie schüttelt den Kopf und deutet auf die Uhr. – **Nee, es ist schon spät. Du kannst morgen wieder raus, und übermorgen auch.** – Ich will aber jetzt raus!

Möchtest du noch was trinken, mein Junge? – Nee. – **Ich hab heut extra für dich Limo gekauft.** – Au ja, 'ne Limo nehm ich.

Meine Mutter räumt das Geschirr zusammen und stellt es auf die Ablage. – **Sag mal, hast du eigentlich deine Hausaufgaben schon gemacht? – Ja, hab ich. – Wirklich? – Hab ich doch gesagt.** – Meine Mutter sieht mich prüfend an. – **Also gut, wenn du alles gemacht hast, dann kannste dich schon mal fertig fürs Bett machen. – Ich will aber noch nicht schlafen! Ich bin fit wie 'n Turnschuh. – Wo hast'n *den* Spruch her? – Aus der Schule.** – Meine Mutter lächelt und fährt mir durch die Haare. – **Na komm, mein Junge, dann hüpf mal wie 'n Turnschuh ins Bad, schön Zähne putzen, und dann ab ins Bett mit dir! Und wenn du magst, liest dir die Mama noch was vor. – Ich kann fei selber lesen, ich bin schon groß! – Ist gut, mein Junge, dann mach das mal. – Du, Mama? – Was ist denn, mein Schatz? – Ich hab dich lieb, Mama. – Ich dich auch, mein Junge.**

Ich sperre die Tür auf und rufe: **Hallo? --- Hallo? Mama?** – Ich höre Geräusche aus dem Bad. Meine Mutter steht vor dem Spiegel und legt Lippenstift auf. – **Mama, ich bin's. – Ach, mein Junge, schön, dass du da bist. Können wir gehen? – Wohin denn, Mama? – Raus. Ich will nach Hause.** – Ich nehme sie am schmalen Oberarm und führe sie vorsichtig zum Tisch. – **Mama, du kannst jetzt nicht raus. – Ich will aber nach Hause, mein Junge. – Sag mal, Mama, wie war's denn heute bei der Physio? – Sehr schön, ja, sehr schön, aber auch sehr anstrengend. – Und hast du denn schon zu Abend gegessen?** – Meine Mutter schaut mich empört an. – **Die geben mir hier nichts zu essen!** – Auf dem Tisch steht der Speiseplan für diese Woche. – **Schau, Mama, du hast heute Kartoffeln mit Quark zum Abendessen gehabt. – Nein. Ich habe keinen Hunger.** – Ich setze mich neben sie auf den Stuhl und nehme ihre Hand. – **Mama, du musst was essen, sonst musst du hier noch länger bleiben. – Ich will nach Hause. Hol mich hier raus, mein Junge.** – Ich werde etwas ungeduldig und beuge mich zu ihr vor. – **Hast du jetzt schon was gegessen? – Was gibt's denn? – Es** gab Kartoffeln mit Quark. – Ja, Kartoffeln sind sehr gesund. Besonders mit Quark. – Und hat's geschmeckt? – Ich möchte nichts essen, danke schön. – Mein Blick fällt auf das Pillendöschen auf dem Tisch. – **Sag mal, hast du eigentlich schon deine Tabletten genommen?** – Ja, hab ich. – **Wirklich?** – Hab ich doch gesagt. – **Na gut. Möchtest du etwas trinken, Mama?** – Nein, danke schön. – **Vielleicht einen Tee?** – Ja, ein Tee wäre nett. – **Na, dann geh ich grad mal in die Küche und mach dir einen.** – Danke schön, bis morgen, mein Junge. – **Nein, Mama, nicht bis morgen, ich geh nur mal eben in die Küche.** – Dann bis übermorgen.

Als ich den Wasserkocher einschalte, höre ich aus dem Nebenzimmer **Hallo hallo hallo hallo hallo-o** und noch mal **Hallo hallo hallo hallo hallo-o.** Ich gehe rüber und frage: – **Was ist denn, Mama?** – Was ist denn was, mein Junge? – **Ich äh ...** – Danke, ich möchte nichts essen. – **Der Tee kommt gleich, Mama.** – Als ich das heiße Wasser in die Tasse gieße, höre ich von nebenan wieder **Hallo hallo hallo hallo hallo-o.** – Mit der Teetasse in der Hand kehre ich zurück. – Ach schön, dass du wieder da bist, mein Junge. – **Ich lächle und fahre mir mit der Hand durchs Haar.** – Wenn du mit dem Tee fertig bist, ist auch schon fast Zubettgehzeit, Mama. – **Na, ich bin munter wie ein Fisch im Wasser.** – Wo gibt's denn hier Fische? – **Na, im Schwimmbad.** – Ach, apropos, soll ich dir den Badeanzug noch auf'n Bügel hängen? – **Ach, das kann ich fei schon selber machen. So klapprig bin ich doch auch noch nicht.** – Na, dann mach das mal. Ich muss jetzt eh gehen. Bis morgen dann, Mama. – **Hör mal, mein Junge.** – Was ist denn, Mama? – **Ich hab Hunger.**

DÉJÀ-VU

Leah Diba

für Ulla

Durch das Fenster deines Zimmers
siehst du runter auf den Hof
und siehst all die Kinder spielen,
die deine eig'ne Mutter schuf,
mit all der Liebe ihres Schoßes
und der starken, treuen Hand
hält sie all die bloßen, losen
Kinder fest an einem Band.

Hat die rauen, wunden Finger
um den goldenen Ring gekrallt
und für fünf geliebte Kinder
beide Fäuste stumm geballt,
    doch du?
Siehst deine Schwestern,
deine Brüder
so belanglos unten spielen,
krallst die Finger um die Gitter,
durch die deine Träume fielen
dort hinunter auf den Hof,
weil deine Kinderaugen sehen,
was vier dort unten nicht erahnen.
Du kannst es selbst nicht recht verstehen.

Es ist August, der siebte schon,
das steht auf dem Kalenderblatt,
in deiner zittrig' Hand gefaltet,
weil sich nichts verändert hat.

Wenn sie am Freitag munter lachen,
ist für dich der Tag der Wende,
denn jeder Werktag einer Woche
ist für dich das Wochenende:
so allein mit deiner Mutter,
siehst sie lächeln, atmen, stehen,
und siehst sie jedes ihrer Kinder
in blau gefleckte Arme nehmen.
Doch nun am Freitag sieht sie nieder,
ordnet Teller, wäscht und putzt,
öffnet kaum einmal die Lider,
versteckt die Kinder vor dem Frust.
Dringst die Geschwister nun zu Bett
mit deinen bloßen dreizehn Jahren,
denn auf den Punkt um achtzehn Uhr
wird der Zug mit ihm einfahren.

Doch du –
du hast das hier schon einmal gesehen.
All die Wege und die Pfade
kannst du blind alleine gehen,
doch der Tag in deiner Hand
droht dir in die Haut zu schneiden,
und von all den gleichen Tagen
werden tiefe Falten bleiben.

Laute Stille treibt Gehorsam
in die zwanghafteste Form;
blickst aus dem Fenster eures Zimmers,

siehst die dunkle Uniform,
rennst ein letztes Mal zu Mutti,
gibst ihr einen letzten Kuss,
weil nun dein großer Schaffnervater
deinen Platz einnehmen muss.

»Ein Kind hat nicht zu sprechen,
nicht zu spielen, nicht zu gehen,
und an keinem der drei Tage
will ich eins von ihnen sehen.«

Und du sitzt in deinem Zimmer
und blickst runter auf den Hof
und siehst all die Kinder spielen,
die ein fremder Vater schuf
mit all der Liebe eines Mannes
und ohne eine lose Hand,
die du durch Schielen in Vaters Zimmer
auf Muttis Wange wiederfandst.

Hast dir geschworen wegzulaufen –
so weit fort von all dem Leid,
doch würdest du um dein Leben rennen,
ließest du Mutti mit ihm allein.
Und so stehst du, Sonntagabend,
wieder dort an ihrer Hand,
winkst dem ausfahrenden Zug
und hoffst, er führ' aus diesem Land.
Denn nun kann Mutti wieder atmen,
mit ihrem Griffen sanfter sein
und ist nun wieder mit der Liebe
ihrer Kinder ganz allein.

Doch du –
du hast das hier schon einmal gesehen.
All die Wege und die Pfade
kannst du blind alleine gehen,
doch der Tag in deiner Hand
droht dir in die Haut zu schneiden,
und von all den gleichen Tagen
werden tiefe Falten bleiben.

Durch das Fenster deiner Küche
kann ich meinen Bruder sehen.
Mit seinen hellen Kinderaugen
kann er dich noch nicht verstehen,
doch ich sehe achtzig Jahre
in den Falten deiner Haut,
und du erzählst mir von den Tagen
mit der Stimme fest und laut
und erzählst von seinen Schlägen,
all der Angst und all der Wut,
und ich wünscht', ich könnt' dir sagen:
Ich verstehe dich so gut.

Auch ich hab das hier schon einmal gesehen,
all die Wege und die Pfade
kann ich blind alleine gehen,
doch der Tag in meiner Hand
droht mir in die Haut zu schneiden,
und von all den gleichen Jahren
werden volle Taschen bleiben.

Eine Stunde später
ist die Welt ein wenig heller,
doch dann finde ich gekochtes Essen
hier im Abstellkeller.

Im Kühlschrank, da steht Sahne,
schon schlecht seit 2004,
und mich, mich nennst du
Sara, Clara, Petra oder Pia.
Und fragst, wo ich heut Mittag war –
mit dir bei deiner Schwester –,
und unterm Tisch, da ballen sich
meine bloßen Fäuste fester.
Jeder Tag ist Milchreistag,
den gab's ja lang nicht mehr,
und Opa, der beschwert sich nicht,
denn Milchreis mag er sehr.

Will dir bloß
all die Tage zeigen,
die in meinen Taschen warten,
und daraus neue Bäume pflanzen
zu einem schönen, großen Garten.
Doch deine Falten sind zu tief,
und all die Blätter längst verwelkt,
kann dir all die Tage niemals zeigen,
bloß weil dein Kopf sie nicht behält.

UMNACHTUNG

Pierre Lippuner

»Tu reconnais mon fils, Collin?«, fragt mein Vater.

»Oui.«

Mit müden Augen mustert mich mein Großvater, die Mundwinkel verzogen, gefesselt an einen Rollstuhl und an das Altersheim, welches er sein Zuhause nennt.

Es ist Ende November, und nach einem warmen Herbst hat der Winter Einzug gehalten. Wir setzen uns ins Café. Mein Vater bestellt ein Glas Wasser, ich einen Kaffee. Großvater betrachtet sein Glas Flauder, starrt es an, hindurch, verliert sich in seiner Gedankenwelt.

Die Demenz hat lange vor dem Rollstuhl Einzug in sein Leben gehalten. Aus dem einst mürrischen und stolzen alten Mann ist ein älterer, ein verwirrterer geworden.

Er spricht nicht viel.

Wir auch nicht.

Wenn er etwas spricht, dann entweder in gebrochenem Hochdeutsch oder gemurmeltem Französisch. Wir antworten in umgekehrter Qualität.

Wenn er einen Satz beginnt, halten wir inne. Wir alle. Selbst mein Großvater. Runzelt die Stirn. Denkt nach. Verliert sich. Schweigt.

Also schweigen wir auch.

»Bist du schon einmal in Irland gewesen?«, suche ich unsicher ein Gespräch.

Mein Großvater legt die Stirn in Falten. Lehnt sich vor. »Kannst du lauter sprechen?«

Ich bin überrascht. Ein ganzer Satz. Eine ganze Frage.

»Tu étais en Irlande?«, fragt mein Vater, die Stimme mühsam laut.

Mein Großvater schweigt.

Blickt von Vater zu mir.

»Non.«

Ich lächle. Warum, weiß ich nicht. Wehmut? Nein. Mitleid? Nein. Vielleicht einfach darum, weil ich nicht weiß, wie reagieren. Also rede ich einfach weiter: »Ich bin vor zwei Monaten dort gewesen.« Nehme mein Handy hervor, suche die Bilder raus und merke, dass ich außer den Cliffs of Moher absolut nichts festgehalten habe.

Normalerweise brauche ich keine Fotografien, um mich an etwas zu erinnern. Auch nicht an Irland. Aber in dem Moment bemerke ich, dass ich überhaupt nichts vorzuweisen habe, außer einen Bericht über das Land aus meinem Mund, der lediglich kurz und undetailliert ausfällt.

Ganz so, als ob das Land mich vergessen hätte.

Ich starre meinen Großvater an, zeige ihm die Fotos. Er nimmt die Bilder ohne Reaktion auf. Mein Vater begutachtet sie länger, nickt, gibt sie zurück.

Ich mustere Großpapa, und wir verfallen wieder in ein fast undurchdringliches Schweigen.

Resigniert betrachte ich das Gesicht meines Großvaters. Das Gesicht, welches mich so sehr an meinen Vater, aber so wenig an mich erinnert: Die Augenbrauen sind dicht. Die Haare weiß, die Augen blau. Eine lange, schnabelartige Nase ruht zwischen eingefallenen Wangenknochen und wilder Frisur.

Ob er sich wirklich an mich erinnert?

Ob ich mich wirklich an ihn erinnere?

Ich hab doch nur schon Probleme damit, mich daran erinnern zu können, wie sich ein Gefühl anfühlt. Ich kann mir

Farben, Gerüche, Bilder und Szenerien merken, abspeichern, archivieren. Aber Gefühle? Ich bin so oft überrascht, wenn ich von Emotionen übermannt werde.

Ach, das finde ich lustig?

Das finde ich schlimm?

Warum schmerzt mich dieser Verlust so unglaublich stark?

Den Großteil meines Lebens verbringe ich in einer Hülle, die ich meinen Körper nenne, entrückt von der Welt, mit abwesendem Blick. Ich funktioniere. Funktioniere wie eine gepflegte und geölte Maschine.

Dann finde ich mich plötzlich in Konversationen mit Freunden und Fremden wieder, höre mich lachen, einen Witz reißen, dann die anderen lachen und merke wieder, dass ich ein Mensch bin.

Dann erwache ich aus dem Tiefschlaf und bin auf einer Reise.

Ich bin zu Hause, umarme eine Frau. Meine Freundin.

Ich arbeite, diskutiere, bringe irgendwo Kritik an und erhalte welche.

Erinnere mich daran, wo ich gerade bin.

So fühlt es sich an, jäh vom Leben eingeholt zu werden.

Das Gefühl, plötzlich zu bemerken, dass man doch etwas fühlt.

Es ist nicht so, dass ich nichts fühlen würde. Es ist nicht so, dass in mir eine nicht füllbare Leere haust. Ich kenne Hass. Ich kenne Zuneigung. Ich kenne Trauer, Spaß und Mitleid. Es ist nur so, dass mir oft die Tatsache entfällt, dass ich eine Persönlichkeit habe. Dass ich jemand bin. Ich vergesse mich in der Welt, in der Umgebung, im Rauschen des Alltags, um plötzlich von meiner selbst geblendet und überrascht zu werden.

»Hey, das bin ja ich.«

»Was habe ich gerade gesagt?«

»Seit wann verstehe ich mich so gut mit Fremden?«

»Seit wann bin ich dieses schmierige Arschloch?«

Meine erste Erinnerung ist die, wie meine Mutter mich wickelt. Wie sie mich auf den Wickeltisch legt und auf mein Bett – ein Gitterbett – zeigt. Es sind nur drei Bilder. Vielleicht vier.

Meine Erinnerung an eine erste bewusste Emotion: Ich bin drei. Ich sitze in der Badewanne und plansche. Meine Schwestern freuen sich. Wir gehen zu McDonald's und dann *König der Löwen* schauen. Ich freue mich mit. Verstehe aber nicht, wieso. Bis nach dem Film.

Die Erinnerung an meinen ersten Kinobesuch.

Ich erinnere mich an Vieles, scheine aber immer öfter zu vergessen, dass ich selber existiere. Nicht ich als physischer Körper. Ich als psychologisches Konstrukt.

Wann habe ich meinen ersten bewussten Gedanken gedacht?

Was ist ein bewusster Gedanke?

Ich erinnere mich an viele Gedanken. An Ideen. Und Fragen. Mit sechs Jahren habe ich mich einmal gefragt, ob all die Leute um mich herum eigentlich echt sind. Ob nicht einfach nur mein Bewusstsein existiert und das der anderen nicht. Vielleicht sind ja alle anderen nur Maschinen?

Das Blatt hat sich wohl gewendet.

Jetzt bin ich die Maschine und alle anderen die Bewussten.

Doch war das wirklich ein originaler Gedanke von mir? Von einem Kind? Oder war es eine Frage, die ich damals aufgeschnappt und weitergegeben habe? Ich weiß es nicht.

Obwohl ich mich an so vieles aus meiner Kindheit erinnere, sind die Eindrücke von früher simpler und einfacher als die aus meiner Zeit als Teenager. Ich glaube, das liegt aber nicht daran, dass ich mich weniger an meine Kindertage erinnere, sondern schlicht und einfach daran, dass mein Gehirn, mein Körper und meine Persönlichkeit sich in dieser Zeit komplett verändert haben.

Ein Kinderkörper ist so einfach wie dessen Persönlichkeit.

Dann kommt das Teenageralter. Baut auf Bisherigem auf,

reißt Bisheriges ein, fügt Neues hinzu. Und während mein Körper sich verändert, wird alles unnötig kompliziert. So viele neue Gefühle. So viele neue Informationen.

Ich halte im Gedankengang inne und frage mich, wie zur Hölle ich genau an diesem Punkt gelandet bin.

Es ist unangenehm. Peinlich.

Ich meine nicht den Punkt, an dem ich gelandet bin. Sondern den Menschen, den ich von Zeit zu Zeit als mein Selbst identifiziere. Es ist nicht so, dass ich mich nicht mag.

Ich mag mich selbst. Ich mag, was aus mir geworden ist und was aus mir werden könnte. Wenn ich auf den unbeholfenen, deformierten Charakter meiner Jugend zurückblicke, fühle ich mich einfach, als ob ich meine Ideale verraten habe.

Ich weiß nicht, wie ich hier gelandet bin.

Ich weiß nicht, wer ich bin.

Ich habe vergessen, wie ich zu dem geworden bin, was ich heute bin.

Ich bin ein Mensch. Das denke ich mir.

Das fühle ich.

Aber oft bin ich auch einfach nur eine programmierte Hülle, welche mein Leben lebt. Eine programmierte Hülle, welche immer wieder vergisst zu sein.

Vergisst zu denken.

Zu fühlen.

Zu existieren.

Ich blicke meinen Großvater an. Er hat meine Existenz grundsätzlich vergessen. Manchmal erkennt er mich. Nennt mich beim Namen. Hält mich für meinen Vater.

Und irgendwann werde ich ihn vergessen.

Dann alle anderen.

Dann mich selbst.

SIE

Klaus Urban

Ein Klingelzeichen ertönt. Beim zweiten Mal wache ich richtig auf, recke mich ein bisschen, schaue auf die Uhr – 2 Uhr 14 –, richte mich auf und schlüpfe in meine Schlappen. Ich mache kein Licht an, denn der Schein aus dem Nachbarzimmer beleuchtet mir durch die offenen Zimmertüren meinen Weg. Noch blinzelnd humple ich etwas steif durch den Flur – so kurz nach längerem Liegen macht die rechte Hüfte gar nicht mehr gut mit. Im Nachbarschlafzimmer sagt eine leise Stimme »Hallo« und »Ich muss aufs Klo«. Ich nicke und gehe um das Bett herum zur anderen Seite, denn sie muss immer zu ihrer rechten Seite hin aufgerichtet werden; nach links klappt das nicht mehr. Ich drücke den Knopf des Bedienungsgerätes und lasse Kopf- und Fußteil des Bettes in die Waagrechte herunterfahren, schlage die Bettdecke zurück und schiebe, die linke Hand an ihrem Becken, die rechte in Kniehöhe, ihren Körper langsam in eine Schräglage, sodass die Füße über die Bettkante herausragen. Mit leicht gespreizten Beinen, ihre Füße dazwischen, stelle ich mich vor sie hin und greife ihre Hände, die sie mir entgegenstreckt. Mit festem Zupacken ziehe ich ihren Oberkörper hoch und drehe ihn und mich dabei so, dass sie senkrecht zum und auf dem Bettrand zum Sitzen kommt, mit beiden Füßen auf dem Boden.

Ich sehe sie noch, wie sie auf der niedrigen Sandsteinmauer vor der Kirche von Betancuria sitzt, braun gebrannt, in dem langen, luftigen Kräuselkreppkleid. Sie lächelt mich ausnahmsweise an, während ich ein Foto von ihr mache. Sie mag es eigentlich nicht, fotografiert zu werden, aber sie mag Fuerteventura und ganz besonders diesen Ort. Hier, meint sie, sei sie schon einmal in einem früheren Leben gewesen. Der Wind spielt mit ihrem immer noch ganz dunklen, kräftigen Haar und macht die heiße Luft erträglicher. Ich setze mich zu ihr und lege meinen Arm um ihre Schultern. Dort werden wir nie wieder sitzen.

Nach kurzer Pause – inzwischen habe ich den Rollator so vor sie hingestellt, dass die Griffe mit angezogenen Bremsen zu ihr hinzeigen – ziehe ich sie weiter hoch, damit sie in den Stand kommt und die Handgriffe des Rollators umfassen kann. Ich trete zur Seite, gebe ihr noch ein wenig Halt, und sie löst mit einem Knacken die kleinen Bremshebel. Dann versucht sie loszugehen. Das rechte Bein zittert, aber dann bewegt es sich ein paar Zentimeter vorwärts; das linke Bein, mehr gezogen und geschoben als gehoben, folgt mühsam hinterher. So geht es Stück für Stück; dabei führt die Anstrengung immer wieder zum Zittern der Beine, die nicht so wollen wie sie. Hände, Arme, Schultern sind verkrampft, der Rücken wie von großer Last tief gebeugt, der Kopf weit vorgestreckt, sodass am Hals die angespannten Sehnen hervortreten.

Ich sehe sie noch, wie sie müde, aber stolz und aufrecht von ihrer Bergwanderung zurückkehrt. Sie hat gerade ganz allein das Ritzenjoch von Ischgl aus ins Lareintal überquert. Eine Frau im besten Alter, wie man so sagt, nicht sehr groß, aber stark, durchsetzungsfähig und einfühlsam zugleich. Die Gebirgsluft tut ihr gut; das Wandern in unmittelbarer und unkultivierter Natur macht frei und leicht, auch wenn die Beine schließlich schwer geworden sind.

Auch jetzt sind die Beine schwer, aber nichts ist leicht. Die Beine rucken und zucken langsam vorwärts. Ich sehe, wie sich die Ferse hebt, aber die Zehen wollen sich nicht vom Boden lösen. Nach mehrmaligem Rucken geht es dann doch weiter. Endlich, nach langen und mühseligen Minuten, in der kleinen, direkt nebenan liegenden Toilette angekommen, rolle ich die Gehhilfe nach rechts, damit sie sich an der auf der gegenüberliegenden Wand befestigten Griffstange festhalten kann. Ich klappe den Toilettendeckel hoch, greife ihr unter die linke Schulter und fasse sie am rechten Handgelenk – fast wie beim Tanz –, damit ich sie stabilisieren kann, wenn sie sich jetzt um 90 Grad nach hinten dreht, um in eine gute Position vor der Kloschüssel zu kommen. Der rechte Fuß dreht um die Hacke nach rechts, doch der linke Fuß bleibt erst mal stehen.

Ich sehe uns beide beim Strandfest tanzen, in unserem Spezialschritt »einszwei-einszweidrei«, der wunderbarerweise auf alle Rhythmen passt, außer beim Walzer, aber den können wir auch so. Sie zum ersten Mal in dem kleinen Kleid mit dem kurzen, schwingenden Rock, das wir in der Hotelboutique gekauft haben. Ab und zu drehe ich sie, dreht sie sich, dreh'n wir uns im Kreis, die Schritte so leichtfüßig, wie es unser Atem zulässt.

Schließlich hat sie die Drehung schwer atmend vor Anstrengung geschafft, und ich lasse sie langsam mit gestreckten Armen auf die Toilettensitzerhöhung hinunter. Vornübergebeugt, die Beine knapp am Boden, sitzt sie mit leicht geschlossenen Augen da und versucht, sich zu konzentrieren. Ich nehme den Rollator mit und schließe die Tür. Nach einiger Zeit klopft es von innen, und ich helfe ihr hoch in den Stand, schiebe die Gehhilfe so vor sie hin, dass sie sie mit beiden Händen greifen kann. Sie redet ihrem rechten Fuß innerlich zu; Zehen, Fußballen, Ferse, alle weigern sich, nach vorn zu rutschen. Erst als sie es schafft, das rechte Bein anzuheben, gelingt ihr wieder der erste kleine Schritt.

Ich sehe sie noch – es ist gut vierzig Jahre her –, wie sie sich mit leichten Schritten, ja, fast springend, über die großen und kleinen, wie dahingeworfenen Steinplatten am Strand unseres Campingplatzes bei Pula bewegt, bis sie ganz nah am Wasser die große, flache Platte wiedergefunden hat, die unser Lieblingsplatz geworden ist. Sie breitet ihr Handtuch aus, und als ich sie in ihrem tatsächlich selber gehäkelten Bikini dort liegen sehe, sage ich aus wahrlich heiterem Himmel: »Du, ich bin sicher, du bist schwanger!«, und streichle ihr über den Bauch. Ich sollte recht behalten.

Die lieben, nun ungehorsamen Beine sind zurück am Bett angekommen. Bald werden wir den Rollstuhl nehmen müssen. Wieder eine Drehung rückwärts, vorsichtig, mit einigem Schwanken, und ich lasse sie zum Sitzen auf die Bettkante hinunter. Mit einem kleinen Schwung rückwärts und leichter Drehung bringe ich sie in die Seitenlage; indem ich unter Nacken und Oberschenkel fasse, hebe und drehe ich sie mit einer Schaukelbewegung in die Rückenlage, sodass sie nicht zu nah am Rand liegt, schiebe das kleine Kissen unter ihren Nacken und decke sie mit dem leichten Oberbett zu. Kopf- und Fußteil des Bettes lasse ich wieder etwas nach oben fahren. Sie lächelt erschöpft, ich streiche ihr übers Gesicht und mache die Stehlampe aus. Im Dunkeln tappe ich den Weg zu meinem Bett zurück. In zwei oder drei Stunden wird sie wieder klingeln – sie, die Frau, die ich liebe.

Diesen Text anhören:
http://satyr-verlag.de/audio/geblitzdingst4.mp3

IT'S NICE TO GO TRAV'LING

Alexander Bach

Da ist ein Bett. Daneben ein Nachttisch, ein Tisch, ein Stuhl, in der Ecke ein Handwaschbecken. Ein Fenster, eine Tür. Das ist ein Zimmer. Eines von diesen Zimmern. Eines wie das andere. »Es ist«, denkt er, »als ob es tausend Zimmer gäbe und hinter tausend Zimmern keine Welt ...«

Und dabei hatte er genau deswegen sein eigenes Zimmer verlassen damals: »Geh in die Welt, und sprich mit jedem!« hatte man ihm als junger Mann geraten. Ein Fingerzeig, dessen es gar nicht bedurft hätte, war er doch förmlich zum Platzen angefüllt gewesen von dem Bedürfnis, auszubrechen aus der häuslichen Enge, aus der engen Häuslichkeit. Wenn er nachts wach gelegen, wenn er von seinem Bett aus die Decke angestarrt hatte, an der die Scheinwerfer vorüberfahrender Lkws eigenwillige Bahnen zogen, wenn er in die Dunkelheit hinausgelauscht hatte, nach dem gelegentlichen Rattern der Güterzüge, nach ihren Signalen, dann hatte er offenen Auges zu träumen begonnen. Von Paris, London und Rom, von den Mädchen und Muchachas, vom Zigeunerleben.

Damit hatte alles angefangen: mit einer Schachtel Gitanes auf dem Bahnhofsvorplatz des Gare du Nord, frühmorgens, die Stadt noch ganz verschlafen, so wie er selbst, der er eben erst aus dem Nachtzug gestiegen war. Ohne die geringste Vorstellung davon, wo er die nächsten Tage, vor allem die Nächte, verbringen würde, ohne ausreichend Geld in den Taschen, bloß mit einem kleinen Lederkoffer ausgestattet und der Zuversicht, dass alles sich schon irgendwie fügen würde.

Diesen Koffer öffnet er. Mit kaum hörbarem Klacken springt das linke Schloss auf, bei dem Rechten muss man schon seit Jahren nachhelfen, er klappt den Deckel auf und schaut hinein.

In diesem Koffer liegt all sein Fernweh. Er hatte es hineingelegt, lange vor seiner ersten Reise, mit jeder noch so kleinen Münze, die er dafür angespart hatte. Er hatte den Koffer unter seinem Bett versteckt, er hatte ihn täglich gepackt und wieder ausgepackt, um sich mit der Fremde vertraut zu machen. Eine Zahnbürste war sein Gepäck gewesen, und ein Kamm, eine Krawatte, ein dünnes Notizbuch, etwas Wäsche zum Wechseln.

Das alles hatte auf dem Boden verstreut gelegen, auf dem Boden des Zimmers im IV. Arrondissement, das er sich mit anderen Reisenden geteilt hatte, dessen Tür aufgebrochen worden war. Aber nichts davon hatte gefehlt, während die anderen Verluste zu beklagen hatten: eine Geldbörse, ein Scheckheft, eine Armbanduhr ...

Er hatte in den Tag hinein gelebt. Er hatte in den Straßencafés gesessen, am Ufer der Seine, manchmal auch einfach nur auf dem Bett gelegen, die Hände hinter dem Kopf verschränkt, und stundenlang aus dem Fenster geschaut.

»Ich tu's wenigstens in Paris«, hatte er gedacht. Und wenn sein Blick den Wäscheleinen im Hinterhof gefolgt war, die von Fenster zu Fenster gespannt gewesen waren, wenn er dem Klappern von Töpfen nachgelauscht hatte, dann war er bereits ins Träumen geraten von neuen Zielen.

Auf den Koffern vornehmer Reisender hatte er sie immer bewundert. Dort waren die Ziele, die einzelnen Stationen, ja markiert gewesen von zahlreichen Aufklebern, von dreieckigen, von viereckigen und ovalen Etiketten von Hotels aus Süditalien, Birma und Vermont.

Seine eigenen Andenken waren schlichter gewesen, waren blasse Stempel in einem Reisepass und ganz zu Anfang noch in einem Postsparbuch. Dieses Büchlein jedoch ist für ihn so voll von Geschichten, dass er es noch heute gerne als Lektüre auf dem Nachttisch liegen hat, ist inzwischen selbst Geschichte, ist Abbild einer Zeit, in der man Fotografien nicht mit dem Telefon gemacht hat und zum Telefonieren noch in eine Kabine gegangen ist oder in ein Postamt.

In einem davon, in Carcassonne oder in Toulouse – so genau erinnert er sich nicht mehr –, hatte er einen anderen Reisenden getroffen. Er selbst hatte eben 300 Francs abgehoben, die hatten auf dem kleinen Tisch vor ihm gelegen, zwischen den Kugelschreibern und Formularen und diesem eigenartigen Gerät, das der andere dabeigehabt hatte. Es war ein streichholzschachtelgroßes Instrument gewesen mit einem Tastenfeld darauf, mit dessen Hilfe der Reisende Tonsignale hatte aussenden und auf diese Weise den heimischen Anrufbeantworter steuern können. Neugierig hatte er sich erklären lassen, wie sich mit dem kleinen Apparat nicht nur Nachrichten abfragen ließen, sondern vor allem auch ein Mikrofon einschalten. Dabei war es seinem Gegenüber gar nicht darum gegangen, den Raum zu überwachen, sondern einfach nur hineinzulauschen in die Heimat, in die gedämpften Straßengeräusche, die durch die geschlossenen Fenster ins Zimmer drangen, in das leise Ticken der Standuhr neben dem Anrufbeantworter. Es sei die vertraute Stille, hatte der Fremde erklärt, die ihn beruhige und die sein Heimweh lindere für eine Weile.

Er hatte sie immer gerne gehört, solche Geschichten. Jeder, dem er begegnete, hatte ein paar davon zu erzählen, diese »Es-war-einmal«-Geschichten, die ja immer auch »Ich-war-einmal«-Geschichten waren, märchenhafte Mosaikstücke des Bildes, das man für sich und andere entwarf. Manchmal schillernd, manchmal heldenhaft oder auch tragisch, blickte man daraus hervor, immer jedoch interessant, denn das stand ja unausgesprochen darüber: dass diese Geschichten nur Beispiele waren für das tägliche Leben, dass es im Leben der Reisenden im Grunde gar keinen Alltag gab, sondern bloß eine unablässige Folge von Sensationen. Er hatte sie gerne erzählt, auch um die eigene Erinnerung aufzufrischen, um sich sich selbst wieder und wieder heraufzubeschwören, bis die Geschichten angefangen hatten, ihren Zauber zu verlieren, bis sie formelhaft geworden waren. Die Geschichten – die eigenen wie die fremden – hatten begonnen, einander zu gleichen, und mit der Zeit wurde auch das Erzählen immer eintöniger. Mitten im Erzählen war er sich dann bewusst geworden: »Jetzt habe ich mein Gegenüber gepackt! Jetzt setze ich gleich noch eins drauf, ich erzähle von dem Seeunglück und danach vielleicht noch von der Sache mit den Kamelen ...« Eine um die andere hatte er seine Karten dann aufgedeckt und verglichen mit denen der anderen Reisenden, es war wie ein Spiel geworden, aber kein aufregendes, kein Glücks- oder Gesellschaftsspiel, es war eine Patience, mit der man die Zeit vertreibt ...

Das Sparbuch, in dem er abwesend geblättert hat, klappt er zu. Er legt es zurück in den Koffer, er schließt den Deckel, drückt die Riegel wieder ins Schloss, streicht mit dem Daumen über die Oberkante des Koffers. An einer Stelle spürt er eine leichte Unebenheit, die war vor ein paar Tagen noch nicht da gewesen. Wenn er mit den Fingerspitzen über den Deckel streicht, über die Seiten, über den Boden des Koffers, dann kann er sie inzwischen überall spüren, die Schrammen und Kratzer, die sich durch das dunkle Leder ziehen. Bei manchen erinnert er sich noch, wie sie zustande gekommen sind, aber längst sind es zu viele geworden. Es ist eine Blindenschrift, die er nicht entziffern kann, deren Sprache ihm gleichsam vertraut wie fremd ist. Er schließt die Augen und lässt die Hände auf dem Kofferdeckel ruhen.

Nach einer Weile steht er auf, die Augen noch immer geschlossen, und geht die paar Schritte zum Fenster hin. Durch

das Glas hindurch kann er gedämpfte Straßengeräusche hö-
ren, er legt eine Hand auf den Riegel und öffnet zuerst das
Fenster und dann die Augen.

Wieder vor dem Bett nimmt er die Koffer, einen nach dem
anderen und die größeren mit beiden Händen, und stellt sie
auf den Boden. Er lockert Krawatte und Kragen, er legt sich,
vollständig angekleidet und noch in Schuhen, auf das Bett.

An der Decke ziehen die Scheinwerfer vorüberfahrender
Pkws eigenwillige Bahnen, das gelegentliche Rattern der
Hochbahn ist durch das Fenster zu hören, laute Rufe und Ge-
lächter.

Er liegt jetzt ganz ruhig, den Blick auf die Decke gerichtet,
er spürt das Gewicht der Koffer in den Armen, ein leichtes
Ziehen, das nachlässt, je länger er daliegt in der anbrechenden
Dämmerung, und offenen Auges beginnt er, zu träumen da-
von, wie es sein wird, endlich anzukommen.

ERIKA

Zita Lopram

Erika wirft die Wäsche in den Herd und stellt den Braten in die Waschmaschine.

Der schmeckt heute ein bisschen wie die kleeförmigen Blätter neulich.

Wenn die Schuhe kochen, gießt sie sie mit Wasser auf und wärmt sich daran.

Wenn Erika Besuch hat, serviert sie Tee in gläsernen, flachen Tellern.

Gestern hatte sie Geburtstag und einen ganzen Kuchen mit Kerzen verspeist.

Heute gibt es auch Kuchen.

Die Uhr dreht sich nicht mehr, nachdem sie in Scheiben geschnitten wurde.

Es hängen Bilder an der Wand mit komischen Leuten.

Die haben zwei Nasen und drei Augen am Hals.

Die Vorhänge müssen gewaschen werden und sind zusammengeknotet.

Erika schiebt das Geschirr in den Trockner und holt ihre Schuhe aus dem Kühlschrank.

Bisschen kalt heute um die Füße.

Wenn Erika spazieren geht, geht sie immer im Kreis und pflückt dabei Grashalme.

Die kommen dann auf den Braten.

Der ist heute zäh wie Juchtenleder, und an der Seite steht
»Reebok«.
Wildbret hat Erika anders in Erinnerung.

Auf dem Boden liegen bunte Pillen und werden aufgesaugt.
Der Kalender ist abgelaufen und mit ebensolchem Joghurt ver-
ziert.

Erika baut Türme und Schlösser aus Hackbraten und Kartof-
felbrei.
Ihre Hände sind Besteck und schneiden alles zurecht.

Auf dem Becher ist ein Deckel drauf, also bleibt der Durst.

In dieser Gaststätte war Erika noch nicht, aber alle tragen wei-
ße Schürzen, und im Radio läuft ein Vogelgesang.
Erika hat Geld dabei und will bestellen.
Doch der Kellner kommt nicht, und so ruft sie laut.
Der Kellner kommt endlich und serviert eine blaue Pille.

Erika fühlt sich gut, nur die Beine tun ihr weh.
Sie reibt Kartoffelbrei darauf. Hat früher auch immer gehol-
fen.
Das Wasser schmeckt nach Seife, und der Kuchen schmeckt
nach Sand.
Sie schraubt den Teller mit der Gabel fest, damit nichts herun-
terfällt.
Meistens gelingt das nicht.
Erika war vorhin auf der Toilette.
Die war grün und roch nach Nadelbäumen.
Das Papier war im Kasten, und etwas davon hat Erika mitge-
nommen.
In der Hose.

Die Hose flattert im Wind, und es sind Blumen darauf.
Der Pulli, den Erika anhat, hat vorne Knöpfe und einen Kragen.
Ihre Strümpfe haben das Loch an der falschen Seite.
Erika geht an der Reling entlang und schaut herunter auf die tosenden Wände.
Die gelbe Fahne weht im Wind.

Erika hat Dinge im Mund, die sich seltsam anfühlen.
Manchmal schmecken die nach Mundwasser und Metall.

Erika will eine rauchen und beißt in die Zigarette.
Sie mag würzige Speisen. Im Untergrund brodelt es.

Da kommt jemand und zieht sie am Arm.

Erika bietet ihm Kuchen an.
Doch der will nicht, der undankbare Lümmel.
Sie schreit ihn an, und er geht weg.

Erika malt mit Wasserfarben einen Brunnen.
Daneben malt sie große Kreuze in Blumenbeete.
Danach isst sie das Papier auf.
Es schmeckt nach salzigem Wasser.

Erika hat einen Schlauch im Arm.
Sie macht einen Knoten rein, damit er auch hält.
Der Braten ist fertig und steht auf dem Klodeckel.
Noch ein paar Kerzen und eine bunte Serviette darauf.
Das Bett kratzt, und die Sonne blendet ins Zimmer.
Erika ist aufgewacht und sieht ein Bild von sich an der Wand.
Es muss gerade erst aufgenommen worden sein.
Auf dem Nachtkästchen steht ein seltsam weißer Becher und ein paar Papiertücher.

Im Regal sind bunte, flache Plastikdinger, die irgendjemand hier vergessen haben muss.

Es klopft an der Tür, und herein kommt ein Arzt.
Am weißen Kittel hat sie ihn gleich erkannt, es muss aber eine Vertretung sein.
Der Arzt bringt Erika in ein Badezimmer und gibt ihr seltsame Dinge.
Etwas, das wie eine Bürste aussieht, und noch etwas, das weich und nass ist, wo Erika die Hände reinstecken soll.
Wozu das gut ist, sie hat keine Ahnung, aber der ist Arzt, der wird es schon wissen.

Der Arzt bringt Erika in ein Restaurant, wo Vogelgesang aus dem Radio kommt.
Es gibt heute Braten mit Kuchen.
Erika sitzt am Tisch und malt mit Brei ein großes Haus mit Blumen davor.
Die Arzthelferin kommt und löffelt ihr das Haus ins Gesicht.
Dann drückt sie eine Serviette darauf.

Erika schläft wieder ein und träumt vom Kuchen ihrer Mama, weil sie den so gerne mag.
Die gelbe Fahne weht im Wind ...

Erika ist gestern im Alter von 92 Jahren verstorben.
Diagnose: fortgeschrittene Demenz bei Morbus Alzheimer.
Doch das wusste Erika nicht. Am Ende hatte Erika alles vergessen. Wie man geht, wie man spricht und wann und wo sie war.

Aber sie wusste, dass sie Kuchen mochte und Vogelgesang!

LEBENSZEIT

Stefan Unser

Wenn die Haut sich, schlaff vom Leben,
ehrwürdig in Falten legt.

Wenn Gewebe, schlecht gebunden,
wabbelnd mit dem Schritte bebt.

Wenn Gedanken, kaum gedacht,
schon der Erinnerung entschwunden.

Wenn all die unbegang'nen Sünden
längst als Fehler sind empfunden.

Wenn andre, die bekümmert schauen,
die Befindlichkeit erfragen.

Wenn Menschen, die intim berühren,
mit Vorzug weiße Kittel tragen.

Wenn die Langsamkeit der Schritte
viel Gelassenheit erzwingt.

Wenn das Geld, das man gerafft,
nur noch Erbbegehren bringt.

Dann macht sich die Gewissheit breit:
Ein Leben besteht nur aus Zeit.

Es ist der Jugend Arroganz,
man will es gar nicht früher wissen,

erst wenn sie reichlich ist verflossen,
wird man seine Zeit vermissen.

VOM VATER

Benjamin Baumann

Als ich klein war,
da warst du meine ganze Welt.

Ich habe deinen Worten aufmerksam gelauscht
wie dem leisen Zirpen einer Grille am Abend;
ich habe mich ausgestreckt nach deinen Tönen,
und was du sagtest,
das war ganz wahr.

Als ich klein war,
da habe ich zu dir aufgesehen,
und meine Kinderaugen
sehnten sich nach deinen großen Taten,
funkelten wie kleine Sterne, wenn sie dich sahen,
und was du tatest,
das war immer gut.

Als ich klein war,
da drehte sich meine ganze Welt um dich.

Du warst meine Sonne, mein Planet,
du lehrtest mich die Vögel unterscheiden
und auf dem Klavier spielen;
du hast mir beigebracht,

wie wichtig es ist zu lesen
und wie man die Stimme des Herzens hören kann.

Wir haben auf kleinen Bühnen gezaubert,
sind auf kleine Bäume geklettert
und haben große Kirschen geklaut.
Wir tanzten durch Felder
und haben gelacht
und jeden Tag eine Dummheit gemacht.
Und jede deiner Bewegungen
war schön.

Als es schwer wurde mit mir,
da warst du immer da:
ganz unsichtbar
und nie im Weg,
auch wenn du wusstest: Das geht nicht gut.
Du sagtest nie: »Tu's nicht!«
Stattdessen nahmst du mich
ganz zärtlich in den Arm
und gabst mir Wurzeln und Geduld.
Und mit den Jahren wuchs ich heran,
und still tat es dir weh,
mich langsam von dir geh'n zu seh'n.

Du sagtest nichts,
als ich verschwand,
und hast die Hand in deiner Hand
doch sehr vermisst,
als du wieder zu viel trankst.

***

Du alter Mann,
nun bist du hier,
und in mir
das Bild von dir
passt nicht
zu deinen trüben Augen.

Ich besuche dich
an Wochenenden.
Jedes Mal wirst du
ein Stückchen kleiner,
dünne Ärmchen umarmen mich,
große Pupillen erwarten
kleines Glück
für ein paar Tage.
Durchschauen sie mich noch?

Schläfst überm Fernsehen ein;
dein Kopf sinkt auf die Brust.
Du willst noch einmal
bei mir sein.
Und gleichsam wirst du müde.

Wie du gehst
und mich manchmal mitnimmst
ein Stück;
schrumpfst mit mir durch meine Liebe
und lässt mich doch zurück
in meinen Augen.

Wie verletzlich
du hier vor mir sitzt,
und ab und an nur in dein Herz
ein Bild von alten Tänzen blitzt.

Ist meine Sonne denn verlöscht?
Steht mein Planet schon still?
Dann schmunzelst du, und ich weiß,
dass dein altes Herz mit mir
noch einmal unbeschwert
auf Bäume klettern will.

Du Zauberer ...
verbirgst dich nur,
lehrst mich das Abschiednehmen,

warst immer,
(immer),
immer
für mich da,
und jetzt wär' es an mir,
dich zu halten,
wenn ich könnte,
kann es nicht,
und das tut weh.
Geh nicht!
Lass los!
Bleib hier!
Sei unbesorgt,
ich lass dich ...

Und das große Glück,
dass du mir immer
warst beschert,
und nur den Dank
kann ich dir schenken,
und mein liebstes, zärtliches
Gedenken.

Schon wird es
spät und
langsam
Zeit,
und das Aufwiedersehen wird
vage.

Du siehst mir lange nach.
Ich seh dich heimlich weinen.
Ich weine heimlich mit,
und jede Träne ist ein Dank.
Und was vage war, wird gewiss.

Da malt sich jetzt jemand auf dein Gesicht,
du steigst in seinen Nachen
und nimmst was mit und lässt was hier:
zwei Tränen und ein Lachen.

WOCHE

Artem Zolotarov

Am Montag wurde ich geboren. Es regnete. Dienstag war mein erster Schultag. Die Schule ist groß und aufregend, und Marcel ist ab jetzt mein bester Freund. Mittwoch war ich an der Uni. Das Studium läuft gut. Das Bier ist billig und die Weiber ... Außerdem ist die Bibliothek sehr groß, man kann dort gut schlafen. »Ja, ich will«, hörte ich mich am Donnerstag sagen. Meine Mutter hat geweint. Wenn Papa das nur miterleben könnte. Sina ist meine Traumfrau. Ich liebe sie. Artem kam am Freitag zur Welt. Ein echter Prachtkerl. 3,5 Kilo und schon drei Haare auf dem Kopf – ganz wie der Vater. Samstagmorgen wurde ich Opa. Bin ich wirklich schon so alt? Ich fühle mich gar nicht danach. Das Mädchen wurde nach Sina benannt. Ich vermisse sie. Heute ist Sonntag. Artem wollte vorbeikommen, hat es aber wieder nicht geschafft. Im Aufenthaltsraum des Altenheims bin ich nie allein. Ich setze mich zu meinen Leidensgenossen und warte einfach auf Montag. Es regnet.

FLUCHT

Christine Teichmann

Wir sind auf der Flucht.
Wir sind auf der Flucht, weil die Russen kommen.
Die Russen kommen, weil mein Vater die Welt erobern
und diese Welt an seinem Wesen genesen lassen wollte.
Dabei sah er selbst krank aus,
als er das letzte Mal zu Hause war,
und wollte nichts mehr erobern
als einen Platz am Küchentisch
bei den letzten Kartoffeln.

Wir sind auf der Flucht.
Wir sind auf der Flucht, weil die Russen kommen.
Die Partisanen kommen aus den Wäldern,
und wir fliehen.
Wie sind die Partisanen in die Wälder hineingeraten,
frage ich,
dass sie von dort kommen müssen?
Sei still, sagt die Mutter.

Wir sind auf der Flucht.
Wir sind auf der Flucht,
weil mein Vater die Welt erobern wollte,
auch wenn er sie das letzte Mal, dass er daheim war,
gar nicht mehr haben wollte.

Den ganzen Lebensraum im Osten können die Russen ge-
schenkt haben,
hat er gesagt.
Sei ruhig, sagt die Mutter und schaut zu mir.
Jetzt kommen die Russen,
um sich das Geschenk abzuholen,
und wir haben aufgehört zu fliehen.

Wir haben aufgehört zu fliehen,
denn wir sind im Lager.
Wir sind im Lager,
weil mein Vater die Welt erobern wollte,
auch wenn er sie nicht einmal mehr geschenkt haben wollte,
zuletzt,
als er das letzte Mal daheim war
und Kartoffeln aß.

Wir sind im Lager,
und jeden Abend werden die großen Mädchen zum Kartoffel-
schälen geholt.
Wenn sie zurückkommen, weinen sie.
Ich frage, warum weinen die Mädchen?
Weil sie so hart arbeiten müssen, sagt die Mutter,
ihr Mund ist ganz hart.
Ich kann doch helfen, sage ich,
zu Hause habe ich oft beim Kartoffelschälen geholfen.
Sei ruhig, sagt die Mutter, und ihr Mund zuckt.

Meine Schwester ist ein großes Mädchen.
Schmier dir Scheiße ins Gesicht, sagt die Mutter,
aber sie holen sie trotzdem.
Als sie zurückkommt, weint sie
und hat noch immer Dreck im Gesicht.

Warum, frage ich.
Sei ruhig, sagt die Mutter,
und ich bin still,
und ich frage nicht,
und ich höre auf zu fragen,
und ich erinnere mich nicht,
so wie sich die Schwester nicht mehr erinnert
und nichts mehr weiß
von der Scheiße im Gesicht
und vom Kartoffelschälen.

Ich sage dir nichts, Tochter,
und du weißt gar nichts, Enkelin.
Und sie rufen uns an vom Altersheim,
und sie rufen uns,
weil die Schwester schreit und sich vom Pfleger nicht ausziehen lässt,
wenn sie baden soll.

Ich ziehe sie aus,
und sie lässt sich waschen.
Du stehst da, Tochter,
und du verstehst gar nicht, Enkelin,
warum sie sich immer wieder übers Gesicht wischt
und schreit,
wenn der freundliche Pfleger mit dem breiten Gesicht
nach ihr schauen kommt.

Sei still, sage ich ihr,
und sie wird ganz still,
und wir hören gemeinsam die Mutter,
die in der Nacht nach dem Vater weint
und untertags nicht mit uns spricht.

Anmerkung:

Nach vorsichtigen Schätzungen hat jede zweite Frau der Generation, die jetzt im deutschen Sprachraum in Altersheimen gepflegt wird, während und nach dem Zweiten Weltkrieg sexualisierte Gewalt erfahren, über die sie nie sprechen konnte. Mit einsetzender Altersdemenz fallen Schranken im Gehirn, die diese Erinnerungen unter Verschluss gehalten haben. Ihr Verhalten wird meist nicht verstanden oder falsch interpretiert.

 *Diesen Text anhören:*
http://satyr-verlag.de/audio/geblitzdingst5.mp3

ANFANG ENDE ANFANG

Nikolai Fritzsche

Ich sehe, wie du aus dem Leben dich windest,
werde des nahenden Endes gewahr
und höre in mir den Nachhall des Kindes,
das ich durch dich und aus dir heraus war.

Du warst meiner Welt erster Nabel,
stolz wie ein König trugst du mich nach Haus.
Ich trage gesenkten Blicks dich zu Grabe,
empfange sie alle zum Leichenschmaus.

So wie du für mich in der Krippe
such ich für dich Platz im Altersheim,
so wie du mir den Eimer, die Schippe,
bring ich Illustrierte und Haferschleim.

Fünf Mark pro Woche sind in der Welt
eines Kindes kostbar wie an Weihnachten Schnee.
Heute gebe ich dir Taschengeld,
für Cappuccino sonntags im Heimcafé.

Du sahst dabei zu, wie mir Flügel wuchsen,
das Nest bald zu klein war für meinen Drang.
Ich bringe dir frische Unterbuxen,
lausch mit dir am Fenster dem Vogelgesang.

Du packtest mich sorgsam in schützende Watte,
in waschbare Tücher, den Po abgewischt.
Heute liegst du auf dem Rücken und stinkst,
ich wechsle die Windel, du bist wieder frisch.

Das Kratzen des Stiftes auf starkem Papier
brachte schwarz auf weiß meinen Namen zur Welt.
Zig Kreuzchen, Unzutreffendes streichen,
Patientenverfügung, das Urteil gefällt.

Du schrubbtest mit der Bürste die ersten Zähnchen,
dank täglicher Milch schon kräftig gediehen.
Ich verbiete dir Rindfleisch und Hähnchen,
lasse die letzten Stummel dir ziehen.

Bevor meine eigenen kleinen Füße
mich trugen, waren deine Schultern mein Thron.
Dich mit dem Rollstuhl umherzufahren,
bleibt für mich auf ewig ungewohnt.

Ich war das kleinste Boot auf dem Ozean,
auf den Wellen beruhigend von dir gewiegt.
Jetzt sagst du mir, was Angst nachts alles kann,
und ich bin es, der wachend neben dir liegt.

SÜSSKIRSCHENOHRRINGE

Dominik Bartels

Ganz sanft legt sie ihre faltige Hand auf meinen Unterarm. Die freundlichen, blauen Augen fixieren einen Punkt, der weit außerhalb meiner Wahrnehmung zu liegen scheint. Frau Krüger spricht so leise, dass ich mich ganz nah zu ihr beugen muss, um alles zu verstehen. Manchmal fällt ihr das Formulieren schwer, und dann wählt sie aus der immer diffuser werdenden Sprachwolke Ausdrücke, die heute nicht mehr im Gebrauch sind und dennoch wunderschön klingen. Begriffe wie »Firlefanz« oder »Labsal«.

Seit zwei Monaten begleite ich Frau Krüger jeden Nachmittag in den Park. Nach etwa 500 Metern, knapp hinter dem leise rostenden Rosenbogen, ist die alte Dame aus der Puste, und wir setzen uns. Immer auf dieselbe Bank. Ich gebe es zu, Geduld gehört nicht unbedingt zu meinen stärksten Eigenschaften, und deshalb kostet es mich stets sehr viel Selbstbeherrschung, die Langsamkeit in Frau Krügers Welt zu ertragen.

Das Glas der betagten Armbanduhr an ihrem knochigen Handgelenk ist blind und trübe. Die Zeit spielt als physikalische Größe schon lange keine Rolle mehr. Frau Krüger teilt ihre Erinnerungen in Momente, Empfindungen und Beobachtungen ein. So gibt es ein Leben vor und eines nach dem großen Hunger, der nackten Angst, der grausamen Flucht. Es gibt die Jahre der Kornblumenhaarkränze, der Süßkirschenohrringe und der tauben Schlittschuhfüße. Da sind der Geruch von Pflaumenkuchen mit dicken Butterstreuseln und der Geschmack von knackigem Zwieback, der in warme Milch getaucht wird. Frau Krüger erzählt mir von kratzenden Strumpfhosen und den lauten, spitzen Schreien der Frauen, wenn die Männer sie bei den Tanzabenden an den Hüften hochhoben und durch die Luft wirbelten. Und von den langen, dunklen Winterabenden, an denen die ganze Familie vor dem Kamin saß, mit heißem Tee und glühenden Wangen. Manchmal sind es nur Schlaglichter, Details, kleine Episoden, die sie aus dem Gedächtnis hervorkramt. Wie die silberne Spange mit dem kleinen Kratzer, die das lange, schwarze Haar ihrer Schwester vergeblich zu bändigen versuchte. Oder der verführerische Duft des Lavendels, der in der hintersten Ecke ihres kleinen Gartens wuchs.

Über die Jahre danach, die Zeit des großen Hungers, der nackten Angst, der grausamen Flucht, spricht Frau Krüger nie. Ich frage auch nicht danach. Ich frage nie etwas. Ich höre einfach nur zu. Es ist eine unausgesprochene Übereinkunft zwischen uns. Wir sitzen auf der alten, etwas windschiefen Bank unter der riesigen Kastanie und schauen auf die moderne Glasfassade des Altenwohnheims, das sich in seiner Extravaganz über die eigene Funktion lustig zu machen scheint. Beim Bau achteten sie auf höchste Energieeffizienzwerte. Menschliche Wärme ließ sich dagegen in keiner Tabelle darstellen. Ich schaue zu Frau Krüger und frage mich, wie viele Geschichten wohl tagtäglich verloren gingen, weil niemand sie hören wollte. Und ich frage mich, warum ich meinen Opa nie darum gebeten habe, mir etwas aus seinem Leben zu erzählen. Vermutlich möchte jede Generation ihre eigenen Geschichten schreiben. Vielleicht sind es aber gerade dieser kollektive Egoismus, diese Ignoranz gegenüber den Erfahrungen unserer Großmütter und Großväter, jenes Wegwerfen schon beschriebener Lebensläufe, die dafür sorgen, dass die Menschheit in vielen Bereichen einfach nichts dazulernt.

Frau Krüger hakt sich bei mir unter, als wir den Park wieder verlassen. Ich begleite sie in ihr Zimmer, wo sie mir die Schwarz-Weiß-Fotografie eines kleinen Mädchens in die Hand drückt.

»Ist das nicht unendlich traurig?«, fragt sie und schaut mich dann geradewegs an. »Das einzige Bild, das mir aus der Zeit vor der Flucht geblieben ist. Das kleine Mädchen darauf bin ich selbst. Was soll man denn mit einem Foto von sich selbst, frage ich dich? Weißt du, was das Schlimmste ist? Das Schlimmste ist, dass die Erinnerungen immer mehr verblassen. Mir ist damals nichts geblieben außer den vielen kleinen Anekdoten, den Gerüchen, den Aromen, den Farben, den Klängen und den Formen, die im Gedächtnis haften geblieben sind. Doch eines Tages wachst du auf, und die ersten winzigen Details sind nicht mehr da. Zuerst vergisst du, wie sich das Kleid anfühlte. Dann erinnerst du dich nicht mehr daran, welche Farbe es hatte. Irgendwann fehlt auch der besondere Anlass, zu dem du es getragen hast. Die weißen Flecken breiten sich aus, verstehst du? Weiße Flecken, die bald zu riesigen Flächen werden. Flächen, so still und unberührt wie frisch gefallener Schnee. Es ist doch aber nur irgendein Kleid gewesen, versuchst du, dich dann zu beruhigen. Aber nach dem Kleid kommen die Häuser, und nach den Häusern kommen die Menschen, und nach den Menschen kommt nichts mehr. Deine Erinnerung steht mit nackten Füßen im knöcheltiefen Schnee, und alles, was du siehst, ist eine riesige, weiße Ebene. Es gibt keinen Punkt, an dem dein Blick hängen bleiben könnte. Es gibt absolut nichts – außer diesem elenden weißen Rauschen in deinem Kopf. Hätte ich doch wenigstens noch Fotos von meinen Eltern oder von meiner Schwester! Oder andere Erinnerungsstücke. Gegenstände, die zu Türen werden. Türen, die zu Räumen führen. Räume, in denen meine liebsten Erinnerungen bequem auf einem dicken Teppich stehen oder in alten, schweren Vitrinen hinter staubigem Glas sicher auf einen interessierten Betrachter warten. Doch es ist nichts geblieben, Junge. Nichts außer dem wenigen, was sich noch in meinem Kopf befindet. Ich erinnere mich nicht mehr daran, wie mein Vater aussah, ich höre nur noch ein lautes, schallendes Lachen. Ich habe kein Bild meiner Mutter mehr vor Augen, ich sehe nur noch ihren Zopf vor mir, der aufgekratzt hin und her schwingt, wenn sie den Teig knetet. Und dann sind da noch Klaras Füße. Mit denen konnte meine Schwester so schnell rennen, dass sie irgendwann ineinander verschwammen.«

Ich schaue Frau Krüger an und sage: »Und ihre Spange. Die mit dem Kratzer. Die es nicht schaffte, das lange, schwarze Haar zu bändigen.«

»Ja, und die Spange«, flüstert Frau Krüger. Sie drückt meinen Arm noch einmal intensiv und strahlt über das ganze Gesicht. Und für einen winzigen Augenblick sehe ich das kleine, blonde Mädchen vor mir, wie es sich barfuß und in einem hellblauen Sommerkleid zwei Süßkirschenohrringe ansteckt und dabei lachend ihre riesige Zahnlücke zeigt.

EULE

Anna Rau

Für Hannelore Walli Ida Henschel †

Sträucher voll Früchten
Efeu rankt an steinerner Fassade
Leise klettert er empor
Ein Kirschbaum, groß, voll rotem Genuss
Eine Schaukel quietscht leise im Wind

Aus einem Busch voll gelber Rosen
Schleicht ein kastanienbrauner Hund
Kinderstimmen hallen durch das warme Grün
Und Apfelkuchen duftet süß

Eine trällernd friedliche Sommerwelt
Bauen wir wundersames Zelt in grünem Blätterdach
Spucken Traumhausbodensaat bis weit hinüber zum Bach
Hinaus, hinaus aufs Feld
»Oma, Opa!«, rufe ich noch winkend

An bröckelnder Fassade hängt ein Klingelschild
Mit Eulen bemalt
Vom erst ersparten Geld bezahlt
Steht ihr im Rahmen
Lächelt, voll Liebe
Wenn ich schriebe, ich schrieb von euch

Sonne strahlt, Blumenpracht auf Wiesen
Malt zuckersüße Traumweltgrüße
In eure Welt voll Wundertagen
Glücklichste Sommertage sagen viel
Ich war noch klein

Blätter fallen sacht, zeigen graue, trübe Pracht
Eine Eule
Zart legt sich der erste Schnee
Sie sitzt auf dem kargen, alten Baum
Gut getarnt, man sieht sie kaum
Leise Schwingen tragen sie hinfort
Weit weg an einen anderen Ort

Weit weg
In alter Erinnerung gefangen
Siehst du mich an
Erkennst mich nicht
»Margarete?«, fragst du
Oder: »Hanne, bist du's?«

Die Augen voll Tränen schüttle ich den Kopf
»Du bist nicht du selbst«, sag ich mir leise
Nehme deine Hand ein letztes Mal
Stehe hier, vor efeubewucherter Wand
Angst, die Zaubersommer zu vergessen

Stehe hier vor weißem Stein
Gelbe Rosen in den Händen
Tränen und viel, viel, viel zu viel Wein in meinem Kopf
Eine Eule sitzt oben im Baum

Traute Runde, bekannte Gesichter
Bilder von dir auf Tischen und Bilder an der Wand
Alles wirkt mir so bekannt

Weihnachtszauberlichter flackern
Tannennadelzweigeduft
Kleine Holzfiguren, akkurat aufgestellt
Und eine einzige Seele, die den gesamten Raum erhellt

Denn einen Teil von dir trägt jeder
Hier in sich verborgen
Einer teilte mit dir deine Sorgen
Einer hat so ganz markant deinen so einzigartigen Verstand
Einer dein Lächeln
Die Grübchen hat sie dort in der Ecke

Und etwas, wovor ich fast erschrecke
Etwas liegt auch tief in mir
Wie du damals schreib ich gern
Und heute, heute schreibe ich von dir

Alte Tinte, altes Papier
Sitze ich hier und schlage Seiten um

Die Zeit, sie vergeht stumm
Mit deinen Texten

Gedichte aus deiner Feder
Eingeschlagen in altes Leder
Werden zu Geschichten, zu Bildern in meinem Kopf

Ich lese:

21. *Dezember 1948*
(Es war dein viertes Weihnachten ohne den Vater.)
»Sag, Mutti, kommt der Vater heim
Oder sind wir wieder allein

Wenn der Himmel zur Erde sich senkt
Und Gott allen Menschen nur Freude schenkt?
Stehen wir nie wieder alle beisamm'
Unter der grün leuchtenden Weihnachtstann'?
Singen wir nie wieder Weihnachtslieder im Chor?
Tragen nie mehr dem Vater Gedichte vor?
Ach, Mutter, ich bitte dich, sag doch Ja
Dass der Vater zum Christfest endlich ist da
Du weißt doch, unser größter Wunsch
Unser allerschönster Traum
Ist, den Vater wiederzuhaben
Hier unterm Weihnachtsbaum«

Ich blinzle durch die nassen Augen
Heute fehlt nicht er
Heute, da fehlst du

Deine Geschichten schwirren noch
Durch den kerzenerleuchteten Raum
Sind doch alter, längst vergangener Schaum
Gedanken, die deine Schrift erzählt

Wir hatten dich schon damals an das Leben verlor'n
Doch hast du uns
Hast mich
Zum Speicher deiner Erinnerung erkor'n
Was du uns mitgegeben hast
Nur in Worten schriebst du deine Last
Nieder
Im Leben, im Leben warst du die Starke
Die besondere Frau
Die Eule deines Liebsten

Nachkriegsjahre ohne Vater
Ein Foto:
Du, klein
Die Hand gen Himmel gestreckt
Etwas, das dein Vater auch in dir erweckt'
Hast du damals noch nicht verstanden

Wie du dort standst
Mit der Schultüte in der Hand:
Klein, stolz und zart vor karger, weißer Wand

Weihnachten
Eine trübe Wahrheit
In Einsamkeit wiegt die Mutter ihre Kinder unterm Baum
Und alles scheint bloß böser Traum
Kleine Hände
Tröstend hältst du die Geschwister

Schreibst deine Wünsche nieder
Dass der Vater nur geflohen sei und eines Tages käme wieder

Doch du hast ihn gefunden
Das Netz, das dich fing
Deinen Mann
Deine Eule
Er gab dir den Ring, mit Zylinder auf dem Kopf
Und voll Herzblut gabt ihr weiter

Warst geliebtes Heim
Warst warmer Schoß
Deine Worte legen sich traut
Und bereiten uns allen noch immer Gänsehaut

Du bist nicht mehr, nicht heute und nicht hier
Doch in mehr als in nur vier Menschen lebst du fort
Findest in uns deinen Hort

Eine Eule
Sacht legt sich der erste Schnee
Sie sitzt auf dem kargen, alten Baum
Gut getarnt, man sieht sie kaum
Leise Schwingen tragen sie hinfort
Weit weg an einen anderen Ort
Und ist doch immer
Tief in uns

Diesen Text anhören:
http://satyr-verlag.de/audio/geblitzdingst6.mp3

WIE IM PUPPENHAUS

Johannes Floehr

August reibt sich die Augen. Mit der ersten Kraft des Tages wuchtet er sich auf die Bettkante. Er sieht sich um: Bett. Tisch. Wände. Drei Wände. Wie in einem Puppenhaus. Nur eben dreieckig. So wollte er es. Ein Innenarchitekt aus Hamburg-Harburg konnte ihm seinen teuren Wunsch nach einem Dreieckzimmer vor vielen Jahren erfüllen, das hatte ihn glücklich gemacht. Denn August pflegt eine Aversion gegen rechte Winkel. Sie sind ihm zu klar, zu eindeutig, zu vordefiniert, zu unspannend, immer gleich. Überhaupt mochte August die sturen Regeln der Mathematik nicht. Dort gibt es nur richtig oder falsch, kreative Antworten werden beim Rechnen nicht erwartet. Zwei mal drei ist eben nicht vier, Pippi Langstrumpf. Mathematik ist böse, Mathematik schreibt Dinge vor, Mathematik heißt, vier Wände haben zu müssen. »Das Leben besteht nicht aus Zahlen, das Leben besteht aus Kunst«, hatte August einmal gesagt. Da gebe es kein Richtig oder Falsch. »Jeder Mensch ist ein Künstler«, hatte Joseph Beuys einmal gesagt.

Auch August ist ein Künstler. Er ist Maler. Eines seiner bekanntesten Bilder zeigt einen Angler vor einer Pfütze. Der Angler trägt einen dieser typischen Fischerhüte, und auch sonst hat er die komplette Angelausrüstung bei sich. Sehr obskur, aber schön. An vielen Bahnhofskiosken werden Postkarten mit diesem Motiv verkauft. »VERSUCHE DAS UNMÖGLICHE«, steht in Großbuchstaben auf den Karten. Das

Original hängt an einer der drei Wände in Augusts Zimmer. Sein Blick schweift darauf, und er fragt sich, wer es bloß gemalt hat. Er kann sich nicht erinnern. Denn seit einigen Jahren ist August, der Maler, dement.

Eine Frau betritt das Zimmer und wünscht einen guten Morgen. August wünscht zurück. Seine Krankheit ist nicht jeden Tag gleich, es gibt gute und schlechte Tage. An guten Tagen hängt er ein »Doris« hinter das »Guten Morgen«, heute nicht. Doch er erkennt sie, er weiß, dass sie ihm hilft und guttut. Doris ist immer da gewesen und wird auch immer da sein. Wenn August nicht mehr weiß, wo er seine Hosen findet. Wenn August nicht mehr weiß, wie man die Fernbedienung bedient. Überhaupt: Wenn August nicht mehr weiß. Dann ist Doris da. Sie opfert ihre Freizeit und Freiheit für ihn; eigentlich könnte sie ihn verlassen, den Pflegern übergeben oder wenigstens jammern. Doch Jammern ist nichts für Doris. August ist was für Doris. Sie möchte bei ihm sein, auch wenn er immer häufiger neben sich ist und gewissermaßen fremdbestimmt wird, wie in einem Puppenhaus eben. Sie nimmt ihn an die Hand und sagt: »Komm mit, wir malen.«

Im Keller steht noch eine große Staffelei, das Bild darauf ist sicher zwei Meter breit, die Ecken sind abgerundet. August mag keine rechten Winkel. Doris gibt ihm Palette und Pinsel in die Hand. Seine Hand zittert ein wenig, doch er weiß, was er zu tun hat. August ist Künstler. Auf der Leinwand sind bereits ein paar hilflose Striche und Kreise zu sehen.

»Da, da ist ja schon was drauf. Sieht nicht so schön aus«, sagt August.

»Du, August«, sagt Doris, »du hast das gemalt, in den letzten Monaten.«

»Gut, dass ich das nicht mehr weiß. Mal gucken, ob ich es noch retten kann.«

Und dann versucht August zu malen. Wie früher, wie immer. August ist ein Künstler. Er ist ein Maler.

Wenig später klingelt es an der Tür, Doris öffnet. Ein neuer Zivildienstleistender, mal wieder. Er stellt sich kurz vor, dann führt Doris ihn nach unten, ins Alz-Atelier, wie sie es nennt. Sie tapst August sachte auf die Schulter und macht ihn mit dem neuen Pfleger vertraut: »Hier, August, schau mal. Das ist Malte, er hilft uns für ein paar Tage ein wenig im Haushalt. Du brauchst dir seinen Namen nicht zu merken.«

»Hallo, ich bin Malte«, sagt Malte schüchtern. August nickt etwas hilflos, er hat sich versehentlich die Nase rot angemalt. »Kommen Sie, wir lassen ihn weitermalen«, sagt Doris und schlurft mit Malte hoch in die Küche. Dort kommt es bei Kaffee und Plätzchen zum Dialog.

»Ihr Mann malt noch?«

»Jawohl! Wenn er malt, ist er in seinem Element.«

»Gut, schön. Man sagte mir, er hätte Demenz im Endstadium?«

»Ja. Die Ärzte gaben ihm noch maximal drei Jahre.«

»Wann?«

»Vor sieben Jahren. Aber mein August macht sich nichts aus Mathematik. Er ist Künstler, wissen Sie. Möchten Sie noch ein Plätzchen?«

Und währenddessen steht August unten vor seiner Leinwand und malt einen weiteren Strich. Dieses eine Bild muss er noch zu Ende bringen, vielleicht das letzte Meisterwerk. Vielleicht versucht er das Unmögliche und ist der kleine Angler vor der Pfütze, auf der Suche nach dem letzten großen Fang. Vielleicht aber hat er auch einfach nur vergessen zu sterben.

 *Diesen Text anhören:*
http://satyr-verlag.de/audio/geblitzdingst7.mp3

ALS MEIN VATER DEN TOD BESTAHL

Björn Högsdal

Ich war sechs oder sieben Jahre alt, da rutschte mein Großvater in Norwegen auf einem vereisten Gehweg aus und brach sich den altersmorschen Oberschenkel. Das war in den letzten kalten Tagen des Frühjahres, und während er im Krankenhaus der Genesung harrte, zog sich die Welt draußen langsam schon wieder das Sommerkleid an. Mein Großvater, »Bestevar«, wie es im Norwegischen heißt, war kein Mann, der jammerte, wenn es um seinen Körper ging, und so beschwerte er sich nicht. Nicht über sein Missgeschick und auch nicht, als der Gips im Krankenhaus zu eng angelegt wurde.

Als deshalb seine Zehen amputiert werden mussten, nahm er es hin mit der Duldsamkeit der Weltkriegsgeneration. Was sind schon ein paar Zehen? Mit der Amputation des linken Fußes sank seine Motivation dann aber doch, und fünf weitere Operationen später hatten sie Bestevar das Bein oberhalb des Knies und den Lebensmut unterhalb des Herzens abgenommen.

Er war Vorarbeiter der Schweißer und Nieter in einer Werft gewesen, er hatte eine eigene Tankstelle gehabt, und er besaß in den Dreißigerjahren einen von zwei Lancia-Beta-Sportwagen in Norwegen. Dieser Lancia war ihm wichtig. Er hatte den Wagen Ende der Zwanzigerjahre nur deshalb gekauft, weil ihn ein reicher Mann aus Oslo herablassend behandelt hatte. Bestevar hatte gutes Geld verdient, als er

Lastwagen über die gefährlichen Bergstraßen Norwegens gefahren hatte, wo in mehr als einer Kurve Reifen frei über Abgründen drehten.

Dann entdeckte er vor dem teuersten Hotel Oslos den Lancia. Er hatte ihn neugierig betrachtet und sich ein wenig in den Wagen verliebt, als der Besitzer erschien und ihn davonscheuchen wollte. Bestevar wurde zornig und fragte, was der Wagen kosten solle. Der Herr nannte ihm den Preis, in der festen Annahme, dass ein Mann wie mein Großvater sich solch ein Auto nicht würde leisten können. Bestevar kaufte ihm dort, an Ort und Stelle, den Wagen ab. Ein bisschen weil er ihn wirklich mochte, aber hauptsächlich weil dieser Mann da dachte, dass er sich so etwas nicht leisten könne. Er war ein Mann, der mit dem Fuß aufstampfte, wenn ihm etwas nicht passte, ja, wenn es um seine Ehre ging. Einer, der mit beiden Beinen fest auf dem Boden stand. Aber genau das war auf einmal nicht mehr möglich.

Meine Tante, die Schwester meines Vaters, freundete sich schnell mit der Situation an. Sie ersann Näh- und Hobbyraumpläne für die Zimmer ihres Vaters, sie rief zunächst einmal den Pfarrer wegen der Auswahl der Grabrede, den Blumenladen wegen Kostenvoranschlägen für Kränze und dann irgendwann meinen Vater an, um ihm zu sagen, dass sein Vater nur noch wenige Tage zu leben habe. Dabei ist meine Tante Thorveigh kein schlechter Mensch. Eher pragmatisch veranlagt.

Mein Bruder und ich erhielten Sonderurlaub von der Schule, um Abschied zu nehmen von unserem sterbenden Großvater, und ehe wir begriffen, was eigentlich los war, fuhren wir nach Norwegen und standen vor dem Haus meiner Tante. Beim Abendessen schimpfte sie mit meinem Vater, da er weder einen dunklen Anzug für die sicherlich bevorstehende Beerdigung eingepackt hatte noch große Begeisterung zeigte, Einladungskarten für das Begräbnis seines Vater auszuwählen, der ja nur wenige Kilometer entfernt im Krankenhaus lag – und doch noch immer atmete.

Als wir am nächsten Morgen zum Krankenhaus aufbrachen, war Thorveigh bereits beim Kochen und Einfrieren für den Leichenschmaus. Wir fuhren entlang der Landstraße, die Bestevar mir noch im letzten Sommer gezeigt hatte. Dort wo noch immer die Strommasten standen, die er 1954 mit seinen eigenen Händen errichtet hatte. Weiter, entlang am Meer, wo die alte Werft stand, in der er mit fünfzehn seinen ersten Job hatte, und immer weiter, bis zu einem Krankenhaus, das so aussah, wie auch bei uns die Krankenhäuser aussahen.

Auf der Station fanden wir meinen Großvater nicht. Zumindest nicht den Mann, der mir gezeigt hatte, wie man die geangelten Fische tötet. Nicht den bisweilen jähzornigen Mann, vor dem sogar mein Vater immer noch ein bisschen Angst hatte.

Mein Großvater hatte sich wie eine Schlange gehäutet, und wir trafen nur den zurückgebliebenen Rest an. Ich sah meinen Vater zum ersten Mal in meinem Leben mit Tränen in den Augen, und dann verließen meine Mutter, mein Bruder und ich den Raum.

Bald darauf stürmte mein Vater wieder heraus, den Gang runter, kam mit einem Rollstuhl wieder und eilte zurück in das Krankenzimmer. Er schob Bestevar im hinten offenen Papierkrankenhemd heraus und sagte:

»Los! Alle zum Auto. Mein Vater will das Meer sehen.«

Das war ein Moment, in dem sogar mein Bruder und ich kapierten, dass wir besser die Klappe hielten und taten, was man uns sagte. Wir spürten, dass da etwas im Gange war, das von Bedeutung war, dass es um Leben und Tod ging.

Bestevar saß vorne auf dem Beifahrersitz, neben meinem Vater, legte den Kopf etwas zur Seite und zurück, an die Scheibe. Er sah in den Himmel und schloss die Augen, als die Sonne durch Wolkenberge brach, während die Schatten der Strommasten flackernd über sein Gesicht huschten. Weiter, vorbei an der alten Werft, vorbei an einem ganzen Leben und immer weiter, raus zu den Schäreninseln, an die offene See.

Dort saßen wir auf Decken am Meer und picknickten. Mein Vater und der alte Mann hatten sich ein wenig abseits niedergelassen, jeder mit einem Bier in der einen, Smörrebröd in der anderen Hand, und sie redeten. Erst nur mein Vater, aber dann auch immer mehr Bestevar.

Nach einer ganzen Weile kehrten sie zurück zu uns, und da hatte der Mensch, den mein Vater da trug, schon wieder etwas Gewicht und Substanz. Es war Glut in seinen Augen, und man sah, dass er noch nicht abgeschlossen hatte mit dem Leben.

Als wir etwas später zurückfuhren, spürten alle im Auto, wie diese Glut wieder erkaltete, mit jedem Meter, den wir uns dem Krankenhaus näherten. Mein Vater hatte erneut Wasser in den Augen bei der Vorstellung, seinen Vater in diesem Linoleumvorhof der Hölle zum Sterben abzuladen. Auf dem Parkplatz vor dem Krankenhaus sagte Bestevar dann mit aller Bestimmtheit, die er noch zusammenbrachte:

»*Ich kann da nicht wieder rein.*« Und:
»*Bringt mich nach Hause, bitte!*«

Meine Mutter packte seine wenigen Habseligkeiten zusammen, während mein Vater unter protestierendem Gezeter der Krankenschwester eine Erklärung unterschrieb, dass er die volle Verantwortung für die Entlassung des Todgeweihten übernehme. Triumph war in Bestevars Augen, als wir ihn die Gänge entlang und vorbei an Schwestern und Ärzten nach draußen schoben. Ein Triumph, als habe er mit diesen Ärzten um sein Leben gekämpft und als habe er den Kampf gewonnen.

Zu Hause angekommen überraschten wir Tante Thorveigh beim Ausräumen der Zimmer, und als sie wieder Kontrolle über ihre Mimik hatte, fauchte sie meinen Vater an:

»Du machst meine ganze Planung kaputt!«

Meine Tante hat meinem Vater nie verziehen, dass Bestevar die Dreistigkeit besaß, noch zwölf weitere Jahre zu leben.

EIN GEHEIMNIS

Lars Ruppel

Komm mal näher
Bis die Haare an deinen Ohren
Meine Lippen kitzeln
Ich kenne ein Geheimnis
Ich trage es bei mir
Manchmal verlege ich es
Doch dann finde ich es wieder
Ich werd es dir sagen
Gib mir deine Hand
Sie ist so warm
Jetzt schwöre
Dass du es niemandem verraten wirst
Sonst komme ich zu dir
Dann klatscht es links und rechts
Kalte Ohrfeigen
Denn wenn es Nacht wird
Wache ich auf
Immer um dieselbe Uhrzeit
Ich öffne meine Tür
Und trete in den Flur
Links schläft der Zivi
Rechts Billy mit dem Zittern in der Hand
Im Schrank in der Küche
Die nur die Schwestern benutzen

Stehen zwei Gläser Erdnussbutter
Von der sie mir hier so wenig geben
In einem Bastkorb daneben
Ein Schlüssel
Der öffnet die große Tür
Vom Seitenausgang
Dort ist der Garten
Wo mein Baum steht
Er reicht bis an den zweiten Stock
Und im Sommer trägt er Kirschen
Ich umfasse den Stamm
Klettere an ihm hoch
Bis in die Krone
Mein Platz für die Nacht
Mit Blick auf den Mond
Und genug Platz zum Heulen
Wenn die Sonne aufgeht
Schleiche ich mich zurück
Ich habe keine Eile
Der Zivi schläft gern länger
Er öffnet die Tür und sagt
Guten Morgen, Sonnenschein
Er weiß nicht, was du jetzt weißt
Nur der Dreck
Im Profil
Meiner Räder
Am Rollstuhl
Könnte mich verraten

DIE ALTE FRAU UND DAS MEER

Julian Heun

Oma und ich sitzen in einem Raum. Ein Raum, denke ich, ein Raum ist erst wirklich voll, wenn man auf alles noch ein Deckchen gelegt hat. Sie hat auf alles ein Deckchen gelegt, und ich lese ihr »Der alte Mann und das Meer« vor. Sie nennt Hemingway immer »Henningmäi« und hat schon den einen oder anderen Weißwein getrunken. Sie sagt: »Was für ein alter Mann? Der fährt ja noch aufs Meer. So alt ist der nicht.« Sie hingegen ist gerade vorrangig alt. Lustig und alt. Während sie sich die letzten Jahre in einem instabilen Zustand von gefühlten paarundachtzig Jahren gehalten hat, ist sie nach dem letzten Krankenhausaufenthalt ziemlich deutlich neunzig geworden. Aber sie singt trotzdem mit mir. Wir singen zusammen einen alten Schlager, den ich nur von ihr kenne und den wir auch nur singen, wenn sie einen Likör haben will. Vielleicht gab es ihn nie wirklich. Er heißt »Komm, mein Schatz, wir trinken ein Likörchen«. Sie behauptet, ihr Arzt habe gesagt, ein Likör sei gut für ihren Blutdruck. »Klar, Oma«, sage ich, »Mama sollte auch mehr rauchen, damit ihr Asthma besser wird.«

Oma lauscht der Geschichte von »dem Henningmäi« und guckt aus dem Fenster. Nicht weil es irgendetwas zu schauen gäbe, nur aus Routine. Die urbanen Alten von übermorgen werden nicht den ganzen Tag aus dem Fenster gucken, sie werden auf ihre iPads schauen, mit denen sie sich am Fenster fotografieren, und immer noch auf Partnersuche sein – Tinder

Senior. Warum gibt es das jetzt noch nicht? EliteRenter.de – Cougars und Oppas mit Niveau. Oder Parship Silver Edition: Alle 11 Minuten stirbt jemand auf parship.de. Oder: Schulfreunde wiederfinden – friendscout45.de. Man soll ja nicht über alte Leute lachen. Aber sie sind halt lustig. Vor allem meine Oma.

Meine Oma sagt Dinge wie: »Poetry Slam hier, Poetry Slam da. Hauptsache, du wirst mir nicht schwul davon.« Oder: »Nein, ich trinke kein Wasser. Obwohl: Eigentlich liebe ich Wasser. Aber nur als Weinschorle.« Oder: »Julian, wenn du doch schwul wirst, muss ich dich beim Putin aus dem Gefängnis holen. Obwohl: Der ist eh mein Typ.« Ja, Oma steht auf Wladimir Putin. Und auf Joachim Sauer, den Mann von Angela Merkel, »der klügsten Frau der Welt«, wie Oma sagt. Als sie auf Morphium und Beruhigungsmitteln völlig debil im Krankenhaus vor sich hin starrte, sagte sie noch: »Julian, jetzt können wir ja gar nicht ins *Borchardt*, wo Herr Sauer immer isst. Er wird mich vermissen.«

Oma sagt: »Weißt du noch? Früher habe ich dir immer vorgelesen, weil du sonst nicht gegessen hast. Erinnerst du dich?« Natürlich erinnere ich mich nicht. Aber die Geschichte kenne ich bestens. Oma erzählt sie ständig, wie sie ohnehin nur Geschichten wiederholt, in denen ich sehr klein bin. Sie ist völlig fasziniert davon. Alle träumen sie davon, wieder ein Kind zu sein, und fürchten das Alter. Dabei ist das glühende Bildnis der Kindheit verzerrt. Denn wenn die Zeit rückwärtslaufen würde, dann hätten alle Angst vor der Kindheit und nicht vor dem Alter. Ich stelle mir das so vor: Langsam verliert man all sein Wissen, die Erfahrungen, und die Haut strafft sich zwar, aber auch die Beine werden langsam unsicher, und man wird erstaunlich dumm, bis man nicht mal mehr wählen darf. Man langweilt sich schnell und versteht nichts.

Vielleicht ist Kindheit gar nicht so toll, Altern aber auch nicht. Oma ist in der letzten Minute schon wieder etwas älter geworden. Ich meine, es sehen zu können. Altern kann man eigentlich nicht sehen und nicht festmachen. Manchmal ist es nicht mehr, als dass man bei der Anmeldung in nutzlosen Onlineportalen bei der Altersangabe länger runterscrollen muss. Irgendwann wird einem gewahr, dass man vielleicht nichts Bleibendes in der Welt hinterlässt, dass man vergessen werden wird. »Ihr werdet mich vergessen«, sagt Oma manchmal, nur um dann ihren Lieblingswitz zu machen: »Aber ich leihe mir einfach von allen 20 Mark, bevor ich sterbe, dann vergisst mich keiner.«

Alles an ihr wird weniger. Außer ihre Schlagfertigkeit. Die trotzt allem.

Ich stelle mir mich im Altersheim vor. Unsere Generation wird auch die gute, alte Musik von früher hören: gestört, aber geil. Von damals, als Musik noch richtig gemacht wurde. David Guetta. Oder was Schönes mit Autotune-Effekt. Dein »Komm, mein Schatz, wir trinken ein Likörchen« ist mein *Money Boy*. Das singe ich dann mit meinen Enkeln: »Na, meine kleinen Racker? Soll der Opa noch mal den Swag aufdrehen?« – »Ja, Opa! Bitte mach einen Turn-up!«

Omas Augen sind müde, ihr Blinzeln ist ein Flattern. Dann schläft sie ein. Wie gut ich sie überhaupt kenne, frage ich mich. Weil eine Oma doch immer eine Oma ist und man lange nicht darüber nachdenkt, dass eine Oma nicht immer Oma gewesen ist. Wenn ich in ihr Gesicht schaue, versuche ich manchmal, sie mir als junge Frau vorzustellen. Mit neunzehn.

Wie sie mit dem Fahrrad durch den Wald und dann über die Felder gefahren ist, raus nach Adlershof zur Versuchsanstalt für Luftfahrt und dort als technische Zeichnerin den jungen Ingenieuren den Kopf verdreht hat. Wie sie Liebesbriefe an zwei verschiedene Soldaten in der gleichen Kompanie geschrieben hat und ihre Mutter einen der beiden Umschläge beschriften musste, damit beim Briefausteilen nicht die gleiche Handschrift auffiel. Wie 1944 ein warmer Sommer war, in dem man auch fröhlich sein konnte. Zwar einer mit Tanzverbot, aber im Ruderclub am Müggelsee gab es trotzdem geheime Feten.

Ich klappe das Buch zu und gehe.

Wenn dieser Text Kitsch ist, ist das nicht so schlimm, weil ich dann immerhin weiß, dass Oma ihn sich in ihr Regal stellen würde. Neben die komische Engelspuppe. Neben das Telefon, beschmiert von der zu großen Menge Handcreme, die sie aufträgt; das Telefon, von dem sie sagt, dass es immer kaputt ist. Dabei vergisst sie nur immer, es aufzuladen.

Irgendwann sitze ich ohne Oma im Raum. Die Deckchen müssen weg und die Dinge unter den Deckchen, denn Oma ist schon länger nicht mehr hier. Ich singe leise, fast melodielos den Schlager:

»Komm, mein Schatz, wir trinken ein Likörchen!
Und dann flüster ich dir was ins Öhrchen
von der Liebe und des Lebens Mai
und so 'n bisschen, bisschen, bisschen was dabei.«

Ein Raum, denke ich, ein Raum ist erst wirklich leer, wenn ihn jemand verlassen hat.

VIERTEL NACH VIER

Eva Niedermeier

Prolog
Du siehst mich an.
Aus großen Augen.
Eine Träne rollt.
»Wer sind Sie? Was machen Sie hier?«
Eine zweite Träne rollt, aber dieses Mal aus meinem Auge.

1.
Der erste Schluck meines ersten Biers.
Ich war gerade zwölf, und es war Viertel nach vier,
ich saß unten bei dir.
Du hast angefangen zu erzählen,
und am Anfang war's echt langweilig,
und ich musste mich da durchquälen,
aber dann hab ich irgendwann gelernt, dir zuzuhören.
Ich war dein kleiner Engel,
das konnte niemand mehr zerstören,
denn du hast mir die Welt erklärt und zu Füßen gelegt.
Hast vom Krieg erzählt,
hast schon so viel erlebt,
schon so viel gesehen und so viel gehört.
So viel geprägt und so viel zerstört,
dir so viel aufgebaut und so viel geschafft,
so viel Liebe, so viel Herzblut, so viel Angst, so viel Kraft.

Du hast mir so viel gezeigt, ich hab so so viel gelernt,
du hast mich an Tagen der traurigsten Kälte gewärmt,
du hast mir Türen geöffnet und Pfade geebnet,
mir so oft dieselben warmen Worte gepredigt:
»Mach aus Momenten Geschichten.
Brenn sie dir ein, schreib sie auf,
und wenn deine Beine kurz vor dem Versagen sind,
dann, gottverdammt noch mal, lauf!
Lauf noch schneller und noch weiter,
denn es fällt zwar nicht immer leicht,
aber es hat noch nie ein Krieger den Kampf überlebt,
der ›Versager‹ heißt.
Also tanze, und lache. Sei du selbst und unbeschwert.
Sei Pippi und nicht Annika,
sei angreifbar und nicht unnahbar.
Sei wunderbar.
Sei verwundbar.
Sei erkundbar,
aber nicht zu leicht.
Lern zu schwimmen, denn das Wasser, das bleibt nicht seicht.
Lern zu fliegen, und lern verzeihen.
Lern zu schweigen, und lern auch zu schreien.
Lern zu beten, und vergiss nie, wer du bist.
Sei respektvoll, aber schäme dich nicht zu sagen,
was dich zerfrisst.
Sag deine Meinung klar und hörbar,
denn eine Meinung, die getragen wird von Mut,
ist unzerstörbar.
Tauche ein in fremde Lebenszeiten.
Es gibt nun mal keine Fundgrube für verpasste Gelegenheiten.
Daher sei offen für Neues,
aber bewahre dennoch deine Tradition,
und falls du dann doch eines Tages hast Tochter und Sohn:
Gib ihnen alles mit auf den Weg,

was du selbst erfahren hast.
Denn jede Erfahrung, die man macht,
ist ein vererbbarer Schatz,
aber man muss ihn auch teilen.
Du musst dich noch nicht beeilen,
Kinder haben ja noch Zeit.
Suche erst das Abenteuer.
Ich meine, billig ist das Reisen zwar nie,
aber ein trauriges Leben ist doch irgendwie
genauso teuer.
Darum fahre mit dem Nachtzug nach Paris, fürs Frühstück,
und dann wieder weg.
Schmeiß dich bei Ebbe in den Schlamm,
und freu dich über den ganzen Dreck.
Schwimm durch das Tote Meer,
und küss auf jedem Kontinent einen Mann.
Dann lass dir zeigen,
was ein Sonnenaufgang für Wunder wirken kann.
Sieh dir die Welt an.
Finde Liebe, finde Leute.
Treffe Feinde, treffe Freunde.
Finde Heimat.
Denn ›ER‹, ›ER‹ wird dich lehren zu vertrauen.
Gedanken aufeinander aufzubauen,
Ängste nicht mehr anzustauen,
sondern einfach zu verhauen,
aber verlier dich nicht selbst, nur weil dich jemand findet,
denk immer zweimal nach,
bevor du dich an irgendetwas bindest.
Lieb nicht für Geld, nicht für Status oder Namen.
Halte dich an den, der zu dir steht.
Selbst an deinen schlechtesten Tagen.
Ein Mann hat dich nur verdient,
wenn er dich respektiert und dich schätzt.«

Und ich wollte wirklich auf dich hören,
aber dann kam ich nach Hause, verletzt.
Hab mich zu dir gesetzt,
dir nicht alles erzählt,
aber du wusstest sofort Bescheid,
wusstest gleich, was mir fehlt,
und du hast mir die Augen geöffnet und mich wieder geheilt,
und ja, jetzt weiß ich, er war nicht der eine,
man ist mit zwölf vielleicht doch noch nicht so weit.
Ich hab ihm sogar verziehen. Und ich dank dafür nur dir,
denn es war Viertel nach vier,
und ich saß unten bei dir.

2.

»Wer sind Sie? Wer bin ich? Wann kann ich nach Hause?«
Du starrst mich an, während einer langen Pause,
und für einen kurzen Moment sah ich mich
in deinen Augen reflektieren,
aber dann bemerkte ich,
dass du mich nicht mehr realisierst.
Du fängst an zu weinen.
Du hast Angst, bist verloren,
bist ein anderer Mensch, du bist völlig neu geboren.
Du siehst in mir eine Fremde,
dabei war ich mal deine »Kleine«.
Du schreist nach der Schwester, und ich lass euch alleine.
Du siehst mich nicht mehr wie früher.
Ich bin eine Unbekannte für dich.
Du kennst mich, seit ich auf der Welt bin,
doch du erkennst nicht mehr mein Gesicht.
Du sprichst meine Sprache. Aber du verstehst mich nicht.
Du hast gesunde Augen, aber du siehst mich nicht.
Und ich verliere dich.

3.

Glasklare Gedanken zersplittern zu Chaos.
Kalter Kaffee am Morgen, ich bin planlos und wahllos,
ich trage Schwarz.
So wie alle, stehe mitten im Getümmel,
zwischen Blumen und Tränen, keine Sonne am Himmel,
du kanntest so viele Menschen. Und so viele sind gekommen,
so viele haben irgendetwas durch dich
in ihrem Leben mitgenommen.
Blumen häufen sich auf diese eklig-grausame Art an,
halt mal kurz die Zeit an, da fehlt jemand.
Ich begrüße Verwandte. Ich kenne sie nur sporadisch.
Mama irrt durch die Gegend und organisiert, sie wirkt panisch.
Papa steht mit der Zigarette hinter der Kirche versteckt,
er hat sich schon seit zwanzig Jahren
keine Kippe mehr angesteckt.
Es ist wie verhext.
Ja, es ist so unverständlich,
und ja klar, mir ist schon bewusst,
das Leben ist halt vergänglich,
aber warum denn auch bei Menschen,
deren Wissen so weit reicht,
für zwei weitere Leben leicht,
aber der Kampf gegen die Zeit
ist ein siegloser Krieg.
Dennoch ein zielloser Trieb,
denn es ist uns vielleicht nicht lieb,
aber sie zieht uns in ihr Tief.
Früher oder später werden wir alle gehen.
Und ich komm dann nach Hause zu dir.
Ich war gerade zwölf, und ich saß unten bei dir.
Ich komm nach Hause zu dir.
Um Punkt Viertel nach vier.

Epilog

Kleines,

ich merke, dass es mir nicht mehr so gut geht.

Ich war heute beim Arzt

und kann es selbst noch nicht so verstehen.

Ich bin alt.

Das ist doch das, was alle werden wollen.

Aber dann will es doch keiner sein.

Denn je älter man wird, desto einsamer ist es daheim.

Und ich merke die Folgen. Ich vergesse kleine Dinge,

ich mach Quatsch, und ich frage mich, wie ich es dazu bringe.

Es wird einmal der Tag kommen,

an dem ich deinen Namen nicht mehr weiß,

aber ich will, dass du weißt,

dass das doch nicht heißt,

dass ich dich nicht mehr lieb hab,

dass du nicht mehr mein Engelchen bist.

Weil du mein Fleisch und mein Blut, ja, mein Enkelkind bist.

Und ich werd dich nicht mehr erkennen,

doch ich verspreche dir hochheilig,

dass ich dich nie vergesse, und glaub mir das, weil ich

für immer dein Opa bleib. Egal, was auch passiert.

Ich werde immer noch da sein.

Denn ich bin immer bei dir.

SWATTER OPA, WITTER OPA

Volker Surmann

Früher erzählte mein Opa mir gerne die Geschichte seiner Großväter. Es war die Geschichte vom swatten Opa und vom witten Opa. Eigentlich war es gar keine richtige Geschichte, denn sie endete stets mit der Zeichnung der Figuren. Das war schon die ganze Geschichte. Mein Opa hatte in seiner Jugend in Ostfriesland zwei sehr verschiedene Großväter. Väterlicherseits gab es den schwarzen Opa: Former in einer Eisengießerei, einsilbig und auch dem Wesen nach schwarz, wie Opa immer betonte, aber nie ausführte, was das bedeutete. Mütterlicherseits gab es den weißen Opa, einen Böttcher, einen Fassmacher – einen Kinderfreund, den sämtliche Kinder der Straße schon umsprangen, wenn er auch nur um die Ecke bog. Um den swatten Opa machten die Kinder einen großen Bogen. Hauptmerkmal beider Großväter waren ihre Bärte, schwarz beim swatten Opa, schlohweiß beim witten Opa, und ich stelle mir bis heute zwei friesische Seebären mit unterschiedlichen Mähnen vor, obwohl in unserer Familie nie jemand zur See gefahren ist.

»Das war wohl damals so Mode, dass man als Opa lange Bärte tragen musste«, schloss mein Opa und strich sich über das nackte Kinn.

Mein Opa hat mit diesen und anderen Konventionen gebrochen. Als Katholik heiratete er eine Protestantin, ließ seine Tochter gar evangelisch taufen. Er lernte Landvermesser und zeichnete im Krieg vermutlich Frontkarten, die Hochzeit erfolgte 1943 zwischen den Schlachten. Nach dem Krieg begann mein Opa eine zweite Lehre und wurde »Bonbonmacher«. Meiner Mutter wollte das in der Schule nie jemand glauben. »Da frag doch zu Hause noch einmal nach, ob der Beruf deines Vaters wirklich so heißt«, hörte sie von ihren Lehrern.

Ja, hieß er. Bonbonmacher. Heute sagt man wahrscheinlich »Lebensmitteltechniker« dazu. Oder »Sacharase-Chemiker«. Die Globalisierung schluckt die schönsten Berufsbezeichnungen: Eisengießer, Böttcher, Bonbonmacher.

Als sein kleiner Süßwarenhersteller in Leer vom Storck-Riesen übernommen wurde, zog mein Opa aus Ostfriesland nach Ostwestfalen.

Inzwischen hat mein Opa graue Haare, und Geschichten erzählt er nicht mehr. Er ist neunzig. Früher war er Bonbonmacher, dann war er Rentner, heute ist er Pflegestufe 1. Irgendwann ist das wohl die letzte Aufstiegsmöglichkeit im Leben: Pflegestufe 2 und 3. Dann ist der Tod irgendwann der Hauptgewinn.

Wenn das Leben eine Party ist, dann gleicht der Lebensabend vielleicht dem Ende dieser Party. Die ersten Organe verabschieden sich, bei meinem Opa waren das die Zähne, und bald darauf machte sich auch das Gehör auf den Heimweg. Inzwischen steht das Gehirn auf der Schwelle und schaut sich noch mal um. Das Kurzzeitgedächtnis sitzt schon draußen im Wagen, während das Langzeitgedächtnis noch mit dem Herzen an der Theke sitzt und vergessen hat, wie spät es ist. Das Herz hängt wacker am Tresen des Lebens und krakeelt laut: »Was? Erst neunzig? Wir machen durch bis hundert Jahr, fallera!« Füße, Muskeln und einige innere Organe verdrehen ihre Augen, und irgendwer überredet das Hirn, noch auf einen letzten Schluck Wasser zu bleiben.

In diesem Sommer versorge ich Opa eine Woche lang gemeinsam mit meinen Geschwistern, während meine Eltern Urlaub machen. Schnell wissen wir, wie dringend sie ihn nötig haben. Denn Opa zu versorgen, ist ein Fulltimejob. Nicht, dass wir ihn körperlich pflegen müssten, das wenige, das dort von Nöten ist, besorgt allmorgendlich ein Pflegedienst. Doch unser Opa lebt zunehmend in einer Umgebung, in der Raum und vor allem Zeit an Bedeutung verlieren. Heute, gestern, morgen, Vormittag, Nachmittag, Abend verschmelzen bei unserem Opa zu einem immerwährenden Flug durchs Jetzt. Wir werden zu Fluglotsen auf einer Zeitreise ohne Zeitgefühl.

Die Bedienungsanleitung für unseren Opa sieht in etwa so aus:

Opa wecken, Opa überreden, etwas zu trinken, versuchen, Opa seine Tabletten zu geben.

Opa noch etwas schlafen lassen.

Opa noch mal wecken, Opa frische Wäsche rauslegen, Opa dem Pflegedienst überantworten.

Opa Frühstück machen: Milchsuppe kochen.

Opa überreden, etwas zu trinken.

Opa überreden, etwas zu essen.

Opa überreden, seine Tabletten nun doch noch zu nehmen.

Opa davon abhalten, seine Tabletten genüsslich zu kauen.

Opa die Zeitung hinlegen.

Opa wecken, wenn der Kopf auf die Küchentischplatte zu sinken droht.

Opa überreden, sich vielleicht in seinen Sessel zu setzen.

Opa etwas zu trinken bringen. Opa überreden, etwas zu trinken.

Mittagessen für Opa ausdenken, Mittagessen für Opa einkaufen und zubereiten.

Opa ans Mittagessen erinnern.

Opa überreden, etwas zu essen.

Opa überreden, zu dem Essen auch etwas zu trinken.

Opa überreden, sich vielleicht für ein kleines Mittagsschläfchen hinzulegen.

Opa daran erinnern, dass er neunzig ist und das durchaus darf.

Opa bestätigen, dass er wirklich schon neunzig ist und wir schon Mittag gegessen haben.

Opa nach dem Mittagsschlaf wecken und Geschmack auf Tee machen. Tee machen.

Opa überreden, zum Tee ein Stück Kuchen zu essen.

Opa die Zeitung hinlegen.

Opa wecken, wenn der Kopf auf die Küchentischplatte zu sinken droht.

Opa überreden, sich vielleicht in seinen Sessel zu setzen.

Opa etwas zu trinken bringen. Opa überreden, etwas zu trinken.

Nach Opa gucken, wenn er plötzlich weg ist.

Opa aufwecken, wenn er auf dem Klo eingeschlafen ist.

Ein Fernsehprogramm für Opa aussuchen. (Am liebsten, finden wir heraus, schaut er Damen-Golf.)

Opa zum Abendessen holen.

Opa Suppe kochen.

Opa überreden, etwas zu trinken.

Opa seine Tabletten geben.

Opa wecken, wenn der Kopf auf die Küchentischplatte zu sinken droht.

Opa überreden, sich vielleicht in seinen Sessel zu setzen.

Opa wieder ein Fernsehprogramm aussuchen.

Opa zwischendurch daran erinnern, etwas zu trinken.

Später einen geeigneten Zeitpunkt finden, den Fernseher auszumachen.

Opa überzeugen, dass es schon spät ist.

Opa ins Bett bringen.

Opa daran erinnern, sich vorm Schlafengehen umzuziehen.

Opa beim Ausziehen helfen, Opa die Jogginghose ausziehen helfen, Opa beim Sockenausziehen helfen.

Opa daran erinnern, das Gebiss rauszunehmen.

Opa daran erinnern, nicht mit Hörgerät zu schlafen.

Opa gute Nacht sagen.

Zwei Wochen später ist Opa tot. Ein paar Infektionen auf einmal, ein paar Tage Krankenhaus, dann ist er eingeschlafen, wie man so sagt. Als Kind habe ich nie verstanden, was das heißen sollte. Als eine Nachbarin »eingeschlafen« war, konnte man mich nur mit Mühe davon abhalten, mit drei Weckern unterm Arm hinüberzulaufen, um sie aufzuwecken. Heute sage ich es selber: eingeschlafen. Das klingt so friedlich. Morgen früh, so Gott will, wirst du wieder geweckt. Opa gute Nacht sagen. Schlaf gut, Opa.

 *Diesen Text anhören:*
http://satyr-verlag.de/audio/geblitzdingst8.mp3

HOPP AUF

Elias Hirschl

Das Fahrrad: Symbol des urbanen, umweltbewussten Menschen. Ein Werkzeug zur Rettung der Welt vor Lärm und CO_2. Kommt man jedoch, wie ich, aus einer Radsportfamilie, käme man nicht einmal im Traum auf die Idee, Fahrradfahren mit Umweltschutz in Verbindung zu bringen. Das Fahrrad ist, was die Familie Hirschl angeht, so CO_2-neutral wie eine Lkw-Kolonne, die Bauteile für ein neues Kohlekraftwerk liefert.

Frühling 1969: Das Welser Kirschblütenrennen. Hunderte Menschen reisen in ihren Bussen an, voll beladen mit Rennrädern, um ein paarmal damit im Kreis zu fahren und dann wieder in ihren riesigen Autos zurück nach Hause zu schippern.

Das Rennrad ist ein Mittel, um von A nach A zu gelangen.

Und der Papa hat auch Schuld daran.

Der Papa war immer schon ein Radsportbegeisterter. Mit zwanzig Jahren ist er die Österreich-Rundfahrt gefahren, und mit dreißig hat er das Welser Kirschblütenrennen mitbegründet, woran er dann auch jährlich teilgenommen hat. Kurz vor neun in der Früh hat man die jubelnde Menge schon an den Rändern der Startlinie in der Oberfeldstraße aufwarten gesehen – heißblütig darauf pochend, dass die Männer gleich losfahren. Diese schwitzenden, kräftigen, jungen Männer, in ihren engen Trikots und Radlerhosen, mit ihren durchtrainierten, glatt rasierten Wadeln, die die Mama immer ganz aus dem Häuschen bringen. Und der Papa mitten unter ihnen.

Die Kinder laufen ihm am Straßenrand hinterher, wenn er losfährt.

Hopp auf!, rufen sie. *Hopp auf!*

Der Papa hat gesagt, ihr müssts ganz laut *Hopp auf!* schreien, wenn die Radler vorbeifahren, damit sie schneller werden.

Hopp auf! Hopp auf!

Der Papa hat gesagt, wer am lautesten *Hopp auf!* schreit, kriegt eine Schartner Bombe.

Und die Kinder schreien *Hopp auf!*.

Nie sind sie auf die Idee gekommen, dass in Wirklichkeit niemand ihre Lautstärke misst.

Hopp auf! Hopp auf!

Und nie haben sie sich darüber beschwert, dass am Ende sowieso jeder eine Schartner Bombe bekommen hat.

Eine der großartigsten Sachen am Kirschblütenrennen ist, dass die Rennstrecke über einige Bahnübergänge führt. Und das Kirschblütenrennen ist einfach nicht wichtig genug, dass man nur seinetwegen den Zugverkehr einschränken würde. Das bedeutet: Wenn zufällig ein Zug angefahren kommt, dann sind die Schranken zu. Und die Radfahrer haben keine andere Wahl, als davor stehen zu bleiben und zu warten, bis sie irgendwann wieder weiterfahren können.

Der Irrsinn dieser Logistik zerstört mit einem Schlag die gesamte Rennplanung mit all den Teambesprechungen, dem Windschattenfahren und dem Feldabstellen, bei dem die einzelnen Teams einen einzigen Fahrer nach vorne fahren lassen, während der Rest einfach versucht, das Hauptfeld am Vorbeifahren zu hindern. Die komplexesten Taktiken spielen sich da ab, nur damit man schneller als die Konkurrenz ist. Aber völlig egal, wie weit ausgebaut der Vorsprung des schnellsten Fahrers zum Hauptfeld schon ist und wie gut die Teamkollegen das Hauptfeld abstellen: Wenn der Zug kommt, dann war die ganze Anstrengung umsonst.

Ein einziger Faktor der schieren Willkür kann jederzeit das

ganze logische Gebilde zum Einsturz bringen, das wir uns aufgebaut haben. Das hat der Papa gewusst. Und er hat es zugelassen. Denn die Kinder haben ja *Hopp auf!* gerufen.

Irgendwann ist der Papa dann älter geworden. Dann ist er nimmer selber beim Kirschblütenrennen mitgefahren.

Der Papa hat eine Radschule für die jungen Nachwuchstalente gegründet. Die *Bambinis.* Seine ganze Energie hat er da hineingesteckt. So viel Energie, dass sich die Leute gefragt haben, wo er die eigentlich hernimmt. Und selber hat er's auch nicht so genau gewusst. Aber er wollte etwas aufbauen. Für seine Kinder. Und wahrscheinlich auch für sich selbst. *Damit die gscheit radln, die Kinder! Wennst gscheid haxlst, stehst am Stockerl. Wennst am Stockerl stehst, hat dich der Papa lieb. Wos wüßt sonst machn, ha?! Fuaßboi spühn? Bist jo fü z'blad fia so was!*

Ja, der Papa hat gwusst, was gut für einen ist. Er wollte seine Kinder Rad fahren sehen. Und er wollte, dass sie glücklich dabei waren. Wahrscheinlich hätt' er sich einfach gern selbst wieder auf einem Rad gesehen, mit rasierten, durchtrainierten Wadeln. Jung und kräftig. Und glücklich.

Aber der Papa war alt. Der Papa ist zum Opa geworden. Irgendwann hat er sich von seiner Frau zum Rennen fahren lassen und ist gar nicht mehr aus dem Auto ausgestiegen. Irgendwann hat er nicht einmal mehr den Kopf gedreht, um den Radfahrern zuzuschauen. Und *Hopp auf! Hopp auf!* haben die Kinder gerufen.

Irgendwann ist er ganz zu Hause geblieben.

Irgendwann hat er die Namen von seinen Enkeln verwechselt und dann die von seinen Kindern. Er hat nicht mehr einschlafen können und nicht mehr aufstehen. Gegen beides hat ihm der Arzt was verschrieben, sodass die Wirkungen sich gegenseitig aufgehoben haben und nur noch die Nebenwirkungen zu spüren gewesen sind.

Die Bambinis sind ihre Runden gefahren, und die Welt vom Opa hat sich auf einen immer engeren Kreis zusammengezogen, in dem nur noch das Sofa und der Fernseher Platz gehabt haben. Und *Hopp auf!* haben die Kinder gerufen. *Hopp auf!*

Das Sofa fragt nie, ob man mal aufsteht. Und der Fernseher fragt nie, ob man das gerade verstanden hat, was einem gesagt wurde.

Dass der Lukas jetzt Matura macht. Dass der Elias ein Buch schreibt. Dass die Tamara im Gefängnis sitzt. Dass der Toni seine Frau schlägt. Dass der Otto gestorben is. Dass die Oma jetzt wieder allein is. Dass der Armin jeglichen Kontakt zur Familie abgebrochen hat.

Wie soll man denn auch?

Wie soll man so was verstehen, wenn man immer nur im Kreis fährt? Immer von A nach A. Und der Kreis sich langsam schließt. Und die Kinderstimmen einem zurufen, dass man schneller fahren soll. Immer tiefer in die Spirale hinein. Die Beine werden müde, vom Widerstand der Luft, die einem langsam ausgeht. Die Rundenzeiten werden kürzer, und dann, wenn man nicht mehr weiterkann, senkt sich langsam vor einem die Schranke, und aus der Ferne hört man ihn schon – den Zug.

Schalt einen Gang runter.

Und dann noch einen.

Und noch einen.

Hopp auf, Opa.

Hopp auf.

WE ARE FORGET

Gary Glazner

We are the words we have forgotten.
We are shifting and pacing.
We wrote this poem.
It's a pretty poem.
Can you bake a cherry pie?
Never more, never more.
We have no horizon.
We don't recall washing or eating
or what you just said.
Ask me my name.
Ask me if I have children?
You're a pretty lady.
You have beautiful eyes.
Wash me, put me to bed clean,
hold me as I fall asleep.
Give me a kiss, brush my hair.
You are my daughter?
Light washing over us moment, moment.
You're a handsome man.
Our handwriting is beautiful,
twists and loops of letters,
we can't remember our hands.
Our ears are wishful,
we can't remember our ears.

We can speak every language,
we can't remember our mouths.
We are porous.
We are the past.
We are forget.

DIE AUTORINNEN UND AUTOREN

Alexander Bach (geb. 1971 in Düsseldorf) lebt als Autor, Spoken-Word-Performer und Literaturaktivist in Köln. Mit seinen Texten, die allesamt eine humorvolle Melancholie durchweht, steht er regelmäßig auf der Bühne – »mit grandiosem Charme«, wie die Kölnische Rundschau befand. www.andersvorgestellt.de

Dominik Bartels wuchs auf der Insel Usedom auf, lebt und arbeitet jetzt aber im niedersächsischen Helmstedt. Er ist Autor, Moderator, Veranstalter, Verleger und Workshopleiter. Zuletzt erschienen im Blaulicht Verlag seine Kurzgeschichten unter dem Titel »Blättersammlung«. www.dominik-bartels.de

Benjamin Baumann (geb. 1985 in Sachsen) lebt als Philosoph, Lyriker, Poetry-Slammer und Autor politischer Essays in Jena. Er veröffentlicht in Anthologien wie »eXperimenta« oder »Die Novelle« politische, gesellschaftskritische und Gelegenheitspoesie, arbeitet derzeit an seinem lyrischen Debütband und promoviert in Philosophie zu Fragen der systematischen Ethik in normativen Debatten der Gegenwart.

Leah Diba (geb. 1997) steht seit 2011 auf Slam-Bühnen. Die gebürtige Darmstädterin lebt mit ihren Staubmilben und Kuscheltieren in Gießen. Sie ist U20-Hessenmeisterin 2014 und häkelt im Backstage Topflappen.

Johannes Floehr ist soundso viele Jahre alt und lebt in Krefeld. Er kennt trotzdem alle Buchstaben. Mehr unter: www.herrsalami.de

David Friedrich ist Poetry-Slammer, Moderator und Schauspieler. Er ist zweifacher Hamburg-Meister im Poetry Slam, mehrmals stand er im Finale der Deutschen Meisterschaften, und ist festes Mitglied der Lesebühne »Randale und Liebe« im Hamburger Szeneclub »Molotow«. Beim Oetinger-Verlag ist 2015 sein Jugendbuch »Schlag ein« erschienen.

Nikolai Fritzsche (geb. 1987) schreibt sich mit »z«. 1997 erschien die Kurzgeschichte »Das Geheimnis des alten Holzhauses« zu Weihnachten in einer Auflage von drei Exemplaren (für Papa, Onkel und Tante, Oma). Das meiste, was er jetzt schreibt, erscheint in einer Auflage von 150.000 Exemplaren in Bremen, aber abends werden nasse Schuhe damit ausgestopft.

Gary Glazner (geb. 1957) lebt als Autor und Slam-Poet in Brooklyn und Santa Fe. Er zählt zu den einflussreichsten Poeten der USA und ist Gründer und Leiter des »Alzheimer's Poetry Project«. Zahlreiche Veröffentlichungen, zuletzt »How to Make a Life as a Poet« (Soft Skull Press: 2006).

André Herrmann lebt in Leipzig als Vorleser und Autor für TV, Print und Bühne. Aktueller Roman: »Klassenkampf« (Voland & Quist). www.andreherrmann.de

Julian Heun (geb. 1989) ist Autor und Slam-Poet aus Berlin. 2013 erschien sein erster Roman »Strawberry Fields Berlin« bei Rowohlt Berlin. 2007 Deutschsprachiger U20-Poetry-Slam-Meister, 2013 Team-Meister (Team »Bottermelk Fresch«).

Elias Hirschl ist ein Wiener Autor, Slam-Poet und Musiker. Seit einigen Jahren vernachlässigt er erfolgreich sein Philosophiestudium, um europaweit Bühnen zu bespielen. Er ist

Österreichischer Poetry-Slam-Meister 2014. Im Frühjahr 2016 erschien sein Roman »Meine Freunde haben Adolf Hitler getötet und alles, was sie mir mitgebracht haben, ist dieses lausige T-Shirt« im Milena-Verlag.

Björn Högsdal (geb. 1975) ist Autor und Veranstalter. Er lebt in Kiel. Zahlreiche Veröffentlichungen von Satiren und Slam Poetry, auch in TV und Radio.

Pierre Lippuner, geboren 1991 im ostschweizerischen St. Gallen, ist Grafiker, Fotograf und gelegentlich Autor. Neben Kurzgeschichten veröffentlichte er 2015 zusammen mit drei Freunden »Frantic«, ein selbst entwickeltes Kartenspiel, im Eigenverlag.

Zita Lopram wurde 1983 geboren und lebt immer noch. Er nennt sich wie ein Medikament, weil niemand wissen darf, dass er eigentlich Simon heißt. Nach ersten Versuchen im Jahre 2013 tritt er seit 2014 regelmäßig bei Poetry Slams und Lesebühnen auf.

Eva Niedermeier (geb. 1997) ist seit ihrem ersten Auftritt im Januar 2015 als Slammerin unterwegs. Im April 2015 wurde sie Bayrische U20-Meisterin im Poetry Slam. Seitdem tritt sie in Deutschland, Österreich, Luxemburg und in der Schweiz sowohl als Slam-Poetin als auch als Musikerin auf. In ihrer Heimatstadt Bad Aibling erhielt sie dafür den Kleinkunstpreis 2015.

Anna Rau ist eine junge Slam-Poetin, die seit 2013 auf deutschen Bühnen unterwegs ist. Ihre Slam-Heimat ist das kleine Städtchen Marburg.

Nicolas Schmidt lebt und arbeitet als Lehrer, Musiker und Autor in Erlangen. Er hat zwei Bücher im Periplaneta-Verlag veröffentlicht: »Dem Herrn Schmied sein Tagebuch« (2013) und »Dem Herrn Schmied sein Schuljahr« (2015).

Volker Surmann (geb. 1972) ist Berliner Autor, Vorleser bei den »Brauseboys« und Satyr-Verleger. Zuletzt erschienen von ihm die Romane »Extremely Cold Water« (Voland & Quist: 2014) und »Mami, warum sind hier nur Männer?« (Goldmann: 2016). Der hier veröffentlichte Text ist eine gekürzte Version einer Geschichte aus »Lieber Bauernsohn als Lehrerkind« (Satyr: 2012).

Christine Teichmann ist als Slam-Poetin und Kleinkünstlerin von zahlreichen Bühnen Österreichs bekannt. Sie ist Gewinnerin diverser Slams und Jazz-Slams, lebt in Graz und tritt im deutschsprachigen Raum auf. Obfrau der »1. Grazer Lesebühne«. Roman »Raubtiere« (Braumüller Literaturverlag, Wien), zahlreiche Veröffentlichungen in Anthologien und Literaturzeitschriften.

Stefan Unser wohnt in Malsch bei Karlsruhe, dem badischen Dorf, wo er 1963 geboren wurde und aufwuchs. Arbeitet als IT-Mensch in der Badischen Landesbibliothek. Schreibt seit 2006. Slamt seit 2010. Poetry-Slam-Landesmeister Baden-Württemberg 2016. www.WortArtiG.de

Klaus Urban (Jahrgang 1944), vor der Pensionierung Professor für Sonderpädagogische Psychologie an der Uni Hannover; Sprachspieler von Jugend an; viele Lyrikveröffentlichungen in Anthologien und literarischen Zeitschriften; diverse Soloprogramme mit eigenen Songs und Texten seit den Siebzigerjahren; seit 2010 auch Poetry-Slammer, 2012 im Finale der Deutschsprachigen Meisterschaften. www.klausurban.com

Artem Zolotarov (geb. 1989 in Donezk, Ukraine). 1998 mit seiner Familie nach Deutschland ausgewandert. Seit 2010 schriftstellerisch tätig. Seit 2014 Poetry-Slammer. Letzte Veröffentlichung »Bühnenbilder« (2015).